HAND BOOK
생활법률

HAND BOOK 생활법률

초판 1쇄 인쇄   2013년 12월 26일
초판 1쇄 발행   2013년 12월 31일

지은이   김 호 · 강은애
펴낸이   손 형 국
펴낸곳   (주)북랩
출판등록   2004. 12. 1(제2012-000051호)
주소   153-786 서울시 금천구 가산디지털 1로 168,
               우림라이온스밸리 B동 B113, 114호
전화번호   (02)2026-5777
팩스   (02)2026-5747

ISBN   979-11-5585-118-0 13360(종이책)
ISBN   979-11-5585-119-7 15360(전자책)

이 도서의 국립중앙도서관 출판시도서목록(CIP)은 서지정보유통지원시스템 홈페이지(http://seoji.ni.go.kr)와
국가자료공동목록시스템(http://www.ni.go.kr/kolisnet)에서 이용하실 수 있습니다.
(CIP제어번호 : 2013028571)

'소송공화국'
대한민국에서 당신을 지켜줄

HAND BOOK

김호·강은애 지음

생활법률

book Lab

머 리 말

　해가 갈수록 증가하는 법률분쟁 속에서 우리 모두는 누구 하나 법률이라는 틀 속에서 더 이상 자유로울 수 없는 삶을 살아가고 있다. 하지만 정작 복잡하고 방대한 법률서적은 일상을 살아가는 대부분의 사람들에게 쉽게 다가가기 어려울 뿐만 아니라, 무겁고 긴 기존의 법률교양 서적은 휴대하기가 쉽지 않아서 구입 후 방치하는 경우가 적지 않았다. 이에 저자들은 핸드북 형식으로 제작하여 휴대가 용이하고 독서의 양보다 질에 중점을 둠으로써 일상생활에서 반드시 필요한 사항들만을 핵심적으로 접할 수 있도록 하였다.　본 휴대형 서적을 통해 남녀노소 누구나 예외 없이 법률상식을 쉽게 접할 수 있기를 바란다.

2013년 12월 30일

강은애, 김 호

contents

/ 머리말 / 005

1. 일상생활에서 알아두면 편리한 생활법률(형사편) / 009

2. 일상생활에서 알아두면 편리한 생활법률(민사편) / 043

3. 일상생활에서 알아두면 편리한 생활법률(임대차 분쟁편) / 097

4. 일상생활에서 알아두면 편리한 생활법률(자동차편) / 103

5. 일상생활에서 알아두면 편리한 생활법률(민사소송편) / 119

6. 일상생활에서 알아두면 편리한 생활법률(강제집행편) / 139

7. 일상생활에서 알아두면 편리한 생활법률(민사조정편) / 149

일상생활에서 알아두면 편리한
생활법률

8. 일상생활에서 알아두면 편리한 생활법률(가족편) / 157

9. 일상생활에서 알아두면 편리한 생활법률(노동편) / 173

10. 일상생활에서 알아두면 편리한 생활법률(국가배상편) / 195

11. 일상생활에서 알아두면 편리한 생활법률(행정, 금융편) / 201

12. 일상생활에서 알아두면 편리한 생활법률(세금편) / 211

13. 일상생활에서 알아두면 편리한 생활법률(여행편) / 227

/ 참고문헌 / 232

일상생활에서 알아두면 편리한

생활법률

형사편

형사사건과 수사

공동생활을 하다보면 사람들 사이에 다툼도 생기고 사고도 일어
나게 된다. 그래서 이해관계가 얽혀 원만한 타협이 이루어지지 않
게 되면 사람들은 재판을 걸어 시비를 가리게 되는데 이를 민사사
건이라 하며 모든 문제의 원칙적인 해결방법인 것이다. 그러나 예컨
대 살인사건처럼 어떤 종류의 문제는 너무나 중대하기 때문에 개
인들끼리 해결을 하도록 놓아둘 수 없는 것이 있다. 그러한 문제는
국가가 법률로 범죄라고 규정하여 강제로 형벌을 과하는데 이러한
것을 형사사건이라 한다. 수사란 이러한 형사사건을 조사하는 절
차를 말하는 것이다.

2 수사기관

    수사기관으로는 군은 군사법경찰관과 군검찰관이 있으며, 군 외부는 특별사법경찰관, 사법경찰관, 검사로 구성되어있다. 물론, 사법경찰관리는 검사의 지휘를 받아 수사를 한다. 또한 사법경찰관리에는 일반형사사건을 취급하는 일반사법경찰관리와 철도공안, 산림, 소방, 해사 등 특별한 사항만 수사할 수 있는 특별사법경찰관리가 있다. 그러나 군사법경찰관의 경우는 독립된 수사권을 행사하며, 군검찰관의 일반적인 수사지휘를 받지 아니한다. 단, 영장(압수, 구속, 체포 등), 변사자 검시 등 한정적인 지침을 받게 된다.

　수사기관이 수사를 개시하는 단서에는 제한이 없다. 고소, 고발처럼 범죄신고를 받거나 풍문이나 신문기사를 보고 시작하거나 우연히 목격하고 인지를 할 수도 있다. 수사기관은 범죄의 혐의가 있다고 사료되는 때는 범인, 범죄사실과 증거를 수사하여야 한다. 그러나 범죄혐의가 없거나 범죄가 되더라도 처벌할 수 없음이 명백한 때에는 수사를 할 수 없다.

4 입 건

　수사기관이 수사를 개시하여 형사사건으로 되는 것을 입건한다고 하며, 이와 같이 입건이 되어 수사대상이 되면 형사소송법(군사법원법)상 '피의자'가 되는 것이다. 그런데 우리는 가끔 용의자라는 말과 내사라는 말을 듣게 된다. 아직 범죄의 혐의는 뚜렷하지 않아 정식으로 입건하기에는 부족하지만 진정이나 투서가 있다든가 또는 진정 등이 없더라도 조사를 해 볼 필요가 있는 경우에는 정식 입건을 하지 않고 내부적으로 조사를 할 때가 있다. 이를 흔히 내사라고 하는데 내사를 할 때에는 내사사건부에 기재함은 물론이다. 그리고 예컨대 살인사건이 났다고 할 때 범인이 아닌가 하는 상당한 의심이 가는 자가 있으나 범인이라는 뚜렷한 혐의가 아직 발견되지 않은 경우 흔히 그 자를 용의자라고 부른다. 이에 대하여 조사가 더 진행되어 범죄의 혐의가 인정됨으로써 정식으로 입건되면 그때부터는 위에서 말한 대로 그 자는 피의자의 신분이 되는 것이다.

　입건된 피의자가 죄를 범하였다고 의심할 만한 상당한 이유가
있고 정당한 이유 없이 출석요구에 응하지 아니하거나 응하지 아
니할 우려가 있는 때에는 피의자를 체포할 수 있다.

　체포를 하기 위해서는 원칙적으로 판사가 발부한 체포영장이 있
어야 하며, 사법경찰관(군사법경찰관)이 피의자를 체포하기 위해서는
먼저 검사(군검찰관)에게 체포영장을 신청하면 검사(군검찰관)는 판사
에게 청구하여 체포영장을 발부받게 되는데, 명백히 체포의 필요
가 인정되지 아니하는 경우에는 검사(군검찰관)나 판사는 체포영장
을 기각할 수 있다. 다만, 수사기관은 범죄가 무겁고 긴급한 사정
이 있어 판사의 체포영장을 발급받을 여유가 없을 때에는 그 사유
를 알리고 영장 없이 피의자를 체포할 수 있는데 이를 긴급체포라
한다.

　사법경찰관(군사법경찰관)이 피의자를 긴급체포한 경우에는 즉시
검사(군검찰관)의 승인을 얻어야 한다. 범죄의 실행중이거나 실행의
직후인 자를 현행범인이라 하는데, 현행범인은 누구든지 영장 없
이 체포할 수 있다.

　수사기관이 아닌 자가 현행범인을 체포한 때에는 즉시 수사기관
에 인도하여야 한다. 체포 또는 긴급체포한 피의자를 구속하고자

할 때에는 체포한 때부터 48시간이내에 판사에게 구속영장을 청구하여야 하며, 그 기간이내에 구속영장을 청구하지 아니하거나(영장에 의한 체포 또는 현행범인 체포의 경우) 구속영장을 발부받지 못한 때(긴급체포의 경우)에는 피의자를 즉시 석방하여야 한다.

6 구속과 불구속

　수사기관은 수사를 한 결과 범죄가 무겁고 죄질이 나쁘며 일정한 주거가 없거나 도망 또는 증거인멸의 염려가 있는 경우에는 피의자를 구속할 수 있다. 구속을 하기 위해서는 증거가 있어야 함은 물론 반드시 판사가 발부한 구속영장이 있어야 한다. 구속영장의 청구절차 및 방법은 체포영장의 경우와 같으며(단, 구속영장 청구 시 군 검찰관은 소속 부대장의 승인을 받아야 한다), 상당한 이유가 있는 경우에는 판사는 영장을 기각할 수 있다.

7 구속 전 피의자 심문제도

　수사기관에서 피의자의 범죄혐의 유무를 조사하여 피의자가 죄를 범하였다고 의심할 만한 상당한 이유가 있고 도망이나 증거인멸의 우려가 있는 경우에는 법원에 구속영장을 청구하여 판사가 발부한 구속영장에 의하여 피의자를 구속하게 된다. 이 경우 피의자는 수사 과정에서 변명의 기회를 가지게 되는 것은 물론이고 1997년 1월 1일부터는 형사소송법 개정에 따라 구속여부가 결정되기 전에 판사 앞에서 변명의 기회를 가질 수 있게 되었는데 이 제도가 바로 구속 전 피의자심문제도이다. 또한 2007년부터는 피의자들 중 현행범인이나 체포영장, 긴급체포의 방식으로 수사기관에 체포된 피의자에 대한 구속영장 청구 시 구속 전 피의자심문을 거쳐야 하며, 이는 예외 없는 의무조항이다. 또한 피의자가 체포되지 아니한 상태에서 구속영장이 청구되는 경우에는 피의자의 심문을 위하여 심문을 위한 구인영장을 발부하여 피의자를 법원에 구인한 후 심문을 실시한다.

형사사건화 된 모든 사건은 사건의 크고 작음에 구별이 없이 검사만이 수사를 종결할 수 있다. 그러므로 사법경찰관은 그가 수사한 모든 형사사건에 대하여 기록과 증거물을, 그리고 구속한 경우에는 피의자를 검찰청으로 보내야 하는데 이를 송치한다고 한다(군수사기관의 경우 차이점은 군검찰관이 사건수사에 관하여 소속 부대 부대장에게 보고의무를 규정 지움으로써 지휘체계를 공고히 하고 있다는 점이다). 그리고 사법경찰관(군사법경찰관)은 송치할 때 그동안 수사한 결과를 종합하여 사법경찰관(군사법경찰관)으로서의 의견(예컨대 기소, 불기소 또는 기소중지, 무혐의 등)을 붙여서 송치하는데 이를 송치의견이라고 한다. 이 의견은 검사(군검찰관)가 수사를 종결하는데 참고하여 사건을 종결한다(군수사기관의 경우 군사법경찰관이 송치한 사건에 관하여 군검찰관으로 하여금 송치 받은 사건처리결과에 대하여 군사법경찰관에게 결과통지 의무를 부과하여 임의적 사건종결을 방지하고 있다).

9 체포와 구속의 적부심사제도

일단 영장에 의하여 수사기관에 체포 또는 구속되었다고 하더라도 피의자는 적부심사절차에 따라 다시 법원으로 부터 체포 또는 구속의 적부(適否)여부를 심사 받을 수가 있다.

이 절차에서 체포 또는 구속이 부당하다고 하여 법원이 석방을 명하면 피의자는 즉시 석방되며, 이에 대하여 검사는 항고를 하지 못한다.

체포 또는 구속적부심의 청구는 피의자 본인이나 변호인은 물론 배우자, 직계친족, 형제자매, 호주, 가족, 나아가 동거인이나 고용주도 피의자를 위하여 청구할 수 있다. 체포 또는 구속적부심은 사건이 경찰(군사법경찰)에 있는가 검찰(군검찰)에 있는가를 가리지 아니하고, 검사(군검찰)가 법원(군사법원)에 기소를 하기 전이면 청구할 수 있다는 점에서 기소된 피고인에 대하여 인정되는 보석제도와 다르다.

체포 또는 구속적부심을 청구 받은 법원(군사법원)은 지체 없이 구속된 피의자를 심문하고 증거를 조사하여 결정을 하여야 하는데, 청구권자 아닌 자가 청구하거나 동일한 영장에 대하여 재청구한 때, 수사방해의 목적이 분명한 때 등에는 청구를 기각할 수 있으며, 이에 대하여 피의자는 항고하지 못한다.

개정된 형사소송법(군사법원법)은 구속의 적부심사를 청구 받은 피의자에 대하여도 피의자의 출석을 보증할 만한 보증금의 납입을 조건으로 석방을 명하는 피의자보석제도를 채택하였는 바, 석방의 요건·집행절차 등은 후술하는 보석의 경우와 거의 동일하다.

검사(군검찰관)는 사법경찰관(군사법경찰관)으로부터 송치 받은 사건이나 직접 인지 등으로 수사한 사건에 대하여 피의자가 재판을 받음이 마땅하다고 판단되는 경우에는 이를 법원에 회부하게 되는데 이를 공소제기 즉 기소한다고 하며, 검사(군검찰관)에 의하여 기소된 사람을 피고인이라 한다. 그런데 검사(군검찰관)가 피의자에 대하여 징역형이나 금고형에 처하는 것보다 벌금형에 처함이 상당하다고 생각되는 경우에는 기소와 동시에 법원에 대하여 벌금형에 처해 달라는 뜻의 약식명령을 청구할 수 있는데 이를 약식기소라고 한다. 따라서 구속된 사람에 대하여 검사가 약식기소를 하는 경우에는 석방을 하여야 한다. 이 경우 판사는 공판절차를 거치지 않고 수사 기록만으로 재판을 하게 된다. 그러나 판사는 약식절차에 의하는 것이 불가능 또는 부적당하다고 생각하는 경우에는 정식재판에 회부하여 공판을 열어 재판을 할 수도 있다. 피고인이나 검사(군검찰관)는 판사의 약식명령에 대하여 불복이 있으면 7일 내에 정식재판을 청구할 수 있다. 그리고 실무상으로는 검사(군검찰관)는 약식기소를 할 때 구형에 해당하는 벌금 상당액을 피고인으로부터 미리 예납을 받고 있는데 예납한 피고인은 약식명령에 기재된 벌금을 다시 납부할 필요는 없다.

검사(군검찰관)가 사건을 수사한 결과 재판에 회부하지 않는 것이 상당하다고 판단되는 경우에는 기소를 하지 않고 사건을 종결하는데 이를 불기소처분이라고 한다. 불기소처분으로 중요한 것은 기소유예와 무혐의 처분이 있다. 기소유예는 죄는 인정되지만 피의자의 연령이나 성행, 환경, 피해자에 대한 관계, 범행의 동기나 수단, 범행 후의 정황 등을 참작하여 기소를 하여 전과자를 만드는 것보다는 다시 한 번 성실한 삶의 기회를 주기 위하여 검사(군검찰관)가 기소를 하지 않는 것을 말한다.

그리고 실무에서는 '선도조건부 기소유예제도'를 많이 활용(군검찰은 거의 사용하지 아니한다. 실질적으로 소속부대 부대장이 판단하기 때문이다)하고 있는데 이는 선도위원이 피의자를 선도하여 앞으로 재범하지 않는다는 조건으로 검사가 기소를 유예하는 것인데 이 제도의 실시 결과 재범률이 무척 낮아져 좋은 성과를 얻고 있다(군의 경우 선도위원이 존재하지 아니한다). 무혐의 처분은 검사(군검찰관)가 수사결과 범죄를 인정할만한 증거가 없는 경우에 피의자의 무고함을 최종적으로 판단하는 처분이다. 또 민사상의 채무불이행에 해당되어 무혐의 처분을 한 경우에는 형사상 범죄가 성립되지 않는 것을 의미할 뿐이지 민사상의 채무까지 면해주는 것이 아님을 주의할 필요가 있다.

그런데 기소유예에 대하여 한 가지 알아둘 것은, 한번 기소유예를 하면 특별한 사정이 없으면 다시 같은 죄로 기소를 하지 않지만 만약 기소유예 후에 또 죄를 저질렀다고 하는 경우 등의 사정이 있으면 검사(군검찰관)는 기소유예 처분한 범죄에 대하여 새로 기소를 할 수 있다는 점이다. 그리고 이는 무혐의에 대하여도 마찬가지로 만약 새로운 증거가 발견된다면 검사(군검찰관)는 기소를 할 수 있다. 또한 고소, 고발의 각하처분은 무익한 고소, 고발의 남용, 남발에 의한 피고소, 피고발인의 인권침해를 방지하고 고소·고발인의 권익을 합리적으로 보호조정하기 위한 제도로 고소인 또는 고발인의 진술이나 고소장 또는 고발장에 의하여도 처벌할 수 없음이 명백한 고소, 고발사건의 경우에는 검사(군검찰관)는 피고소, 피고발인을 소환 조사하지 않고 각하 결정할 수 있다(군에서는 위임전결 예규에 의하여 법무참모가 판단하는 경우를 제외하고는 소속 부대장이 판단하여 지침을 하달 받아 처리한다).

12 보 석

　검사(군검찰관)에 의하여 구속기소 된 경우에는 피고인은 재판을 담당하고 있는 법원에 보증금을 납부할 것을 조건으로 석방하여 줄 것을 청구할 수 있는데 이를 보석이라고 한다. 보석보증금은 현금으로 납부하지 않고 보석보증보험증권을 첨부한 보증서로써 갈음할 수 있다. 이와 같은 보석은 기소 후에 청구하는 점에서 기소 전에 청구하는 구속적부심과 다르나 보증금의 납부를 조건으로 석방하는 점에서 피의자보석제도와 유사하다. 보석은 피고인은 물론 변호인과 피고인의 법정대리인, 배우자, 직계친족, 형제자매도 청구할 수 있으며 법원은 보석을 결정함에 있어서 검사(군검찰관)의 의견을 물어야 하지만 그 의견에 구애받지 않고 자유로이 결정할 수 있다. 다만 피고인이 사형, 무기 또는 장기 10년 이상의 징역이나 금고에 해당하는 죄를 범하였거나, 피해자나 당해 사건의 재판에 필요한 사실을 알고 있다고 인정되는 자 또는 그 친족의 생명·신체나 재산에 해를 가하거나 가할 염려가 있다고 믿을만한 충분한 이유가 있는 때에는 보석을 허가하지 않는다. 법원은 피고인의 자력정도와 범죄성질, 증거를 고려하여 상당한 보증금을 납부할 것과 주거를 제한하는 등의 조건을 붙이는 것이 보통이다. 또 보석은 피고인 등의 청구가 없더라도 직권으로 허가하는 경우도 있다.

검사(군검찰관)가 기소한 사건에 대하여 법원은 공판을 열어 재판
을 하게 된다. 그러나 검사(군검찰관)가 약식기소 한 사건에 대하여
는 공판을 열지 않고 기록만으로 재판을 하지만 판사가 정식재판
을 할 필요가 있다고 생각하면 사건을 정식재판에 회부할 수도 있
다. 공판은 보통 법원에 마련된 공판정에서 공개되어 진행된다. 재
판에서 피고인은 자기의 억울함이나 정당함을 주장할 수 있고 또
변호인의 도움을 받을 수 있다. 심리결과 피고인의 죄가 인정되면
판사는 유죄의 판결을 하는데 정상에 따라 실형을 선고하는 수도
있고 집행유예를 붙여주는 경우도 있으며 정상이 특히 참작될 때
는 선고유예를 하는 수도 있다. 집행유예는 실형을 선고하면서 일
정 기간 그 형의 집행을 미루어 두었다가 그 기간 동안 재범을 하
지 않고 착실히 살면 형의 선고를 실효시켜 아예 집행을 하지 않는
것이며, 선고유예는 형의 선고자체를 미루어 두었다가 일정기간 무
사히 경과하면 면소된 것으로 간주하는 것이다. 물론 기소한 사건
에 대하여 유죄로 인정할 증거가 없으면 판사는 무죄를 선고한다.
그리고 구속되었다가 법원에서 무죄의 판결을 받거나, 검사(군검찰
관)로부터 불기소처분(기소유예 처분은 제외함)을 받은 사람 중 범인이
아닌 것이 명백한 사람 및 처음부터 잘못 구속된 사람은 형사보상

법에 따라 구속에 대한 보상을 청구할 수 있다. 참고로 재판은 사건에 따라 판사 한사람이 하기도 하고 판사 3인으로 구성된 합의부에서 하기도 하는데(단, 군사재판의 경우 1심에서 일반 군인신분인 심판관이 포함되며, 심판관이 재판장 역할을 한다), 원칙으로 단기 1년 이상의 징역에 해당하는 사건은 합의부 관할이다. 단독판사가 한 재판에 대하여는 지방법원의 항소부, 합의부에서 한 재판에 대하여는 고등법원에 각 항소를 할 수 있고 이에 대하여는 다시 대법원에 각 상고할 수 있다(군사재판의 경우 전건 합의부 처리가 원칙이며, 2심은 고등군사법원 3심은 대법원임).

14 형의 집행

　법원의 판결에 의하여 선고된 형은 검사(군검찰관)의 지휘에 의하여 집행하는데 징역이나 금고형은 교도소(군의 경우 군교도소)에서 집행한다. 그리고 벌금은 판결 확정일로부터 30일 이내에 납부하여야 하며 벌금을 납부하지 않는 경우에는 1일 이상 3년 이내의 범위에서 노역장에 유치하게 되므로 스스로 납부하여 불이익을 면해야 할 것이다.

가석방과 형집행정지

    징역 또는 금고의 형의 집행 중에 있는 자 가운데 복역성적이 양호하고 뉘우침이 있는 때에는 무기에 있어서는 10년, 유기에 있어서는 형기의 3분의 1을 경과한 후에 법무부장관(군의 경우, 현재 참모총장 승인에서 군교도소가 국방부 소속으로 변경되면 국방부장관 승인)이 가석방을 할 수 있다. 가석방의 기간은 무기형에 있어서는 10년으로 하고, 유기형에 있어서는 남은 형기로 하되, 그 기간은 10년을 초과할 수 없다. 가석방된 자는 가석방 기간 중 보호관찰을 받는다. 그러나 가석방 중에 행실이 나쁘거나 다시 죄를 저지르면 가석방이 취소 또는 실효되어 남은 형기를 마저 복역하여야 한다. 그리고 예컨대 형의 집행으로 생명을 보전할 수가 없거나 잉태 후 6개월 이상인 때 또는 연령이 70세 이상인 때 기타 중대한 사유가 있으면 검사(군검찰관)는 형집행을 정지시키고 석방할 수도 있다(군의 경우는 실제 병의 경우 1년 6개월 이상, 간부는 집행유예 이상이면 전역 후 민간교도소 이감처리).

형의 실효

    징역 또는 금고의 집행을 종료하거나 집행이 면제된 자가 피해자의 손해를 보상하고 자격정지 이상의 형을 받음이 없이 7년을 경과한 때에는 본인이 신청을 하면 재판의 실효를 선고 받을 수 있다. 그러나 일반인들은 이 신청절차 등을 모르고 있기 때문에 정부는"형의실효등에 관한 법률"을 제정하여 형의 집행을 종료 또는 면제 받은 후 일정기간동안 자격정지 이상의 죄를 저지르지 않은 경우에는 자동적으로 형을 실효시키도록 하였다. 그 기간은 3년을 초과하는 징역 또는 금고는 10년, 3년 이하의 징역 또는 금고는 5년, 벌금은 2년이고 다만 구류나 과료는 형의 집행을 종료하거나 그 집행이 면제된 때에 그 즉시 실효된다.

범죄를 저질러 남에게 피해를 입히면 적절히 피해를 보상해 주고 합의를 하는 것이 사람의 도리이다. 따라서 형사사건 처리과정에서 검사(군검찰관)나 판사는 피의자나 피고인에게 합의를 권유하고 또 합의를 하면 이를 참작하여 가벼운 처분이나 판결을 하는 것이 관례이다. 그러나 피해보상은 근본적으로 민사문제이므로 형사사건에서 참고가 될 뿐이고 수사기관이나 법원에서 강요할 수는 없는 것이므로 가해자가 검사(군검찰관)나 판사의 권유에 따라 적절한 피해보상을 하지 아니하는 경우에는 민사재판을 통하여 해결할 수밖에 없다. 어떤 피해자들은 수사기관이나 법원에서 피해보상도 받아주지 않고 형사사건을 처리한다는 이유로 각종 민원을 제기하는 사례가 있는데 법제도의 취지를 잘 이해하여야 할 것이다. 다만 일정한 형사사건의 경우에는 배상명령을 신청하여 민사문제까지 처리되는 수도 있다(군사재판의 경우 이러한 경우 일반 민사법원에 배상신청을 별도로 하는 경우가 대부분이다). 형사사건의 피해자는 재판부에 대하여 범인을 엄벌해 달라거나 선처해 달라는 등의 의견을 진술하고 싶을 때가 많다. 형사소송법(군사법원법)에서는 피해자의 신청이 있으면 법원에서는 특별한 경우 외에는 피해자를 증인으로 채택하여 의견을 진술할 기회를 주도록 하고 있다.

경미한 범죄사건에 대하여는 정식수사와 재판을 거치지 않고 간략하고 신속한 절차로 처벌을 마침으로써 법원과 검찰의 부담을 줄이고 당사자에게도 편의를 주려는 제도이다. 대상은 20만 원 이하의 벌금, 구류, 과료에 처할 경미한 범죄로서, 중요한 것을 예로 들면 다음과 같다. 도로교통법상의 자동차주정차금지위반, 향토예비군설치법상의 예비군훈련불참, 무임승차 등 경범죄처벌법위반사범 등이다. 즉결심판은 경찰서장(헌병대장)이 법원(군사법원)에 청구한다(실제로 군에서는 즉결심판 사용사례가 전무한 실정이며, 대부분 징계건의로 종료처리 하는 실정이다).

이를 위한 사전조치로서는 다음과 같은 것이 있다. 보호처리(주거와 신원이 확실하지 않고, 석방하면 형집행에 지장이 있다고 판단되는 경우에는 즉결심판회부 시까지 경찰서에 보호한다), 비보호처리(보호처리의 필요가 없는 경우는 출석지시서를 발부하여 바로 석방하고 본인이 나중에 법정에 가서 재판을 받도록 한다), 통고처분(경범죄처벌법이나 도로교통법을 위반한 사항 중 일정한 범칙행위에 대하여는 먼저 범칙금을 납부하도록 통고처분하고, 위반자가 그 범칙금을 기일 내에 납부하지 아니할 때에 비로소 즉결심판을 청구하게 된다), 훈계방면(범죄사실이 가볍고, 피해자가 없으며 잘못을 뉘우치는 경우에는 지서장, 파출소장 또는 경찰서장이 훈계하고 방면할 수 있다), 즉결심판은 판사의 주재 하에 경찰서가 아닌 공개된 법정에서 열린다.

피고인이 출석하는 것이 원칙이지만 벌금·과료를 선고하는 경우나 피고인이 불출석 심판을 청구하여 법원이 이를 허가한 경우에는 불출석재판도 한다. 판사는 피고인에게 사건내용을 알려주고 변명의 기회도 주며, 피고인은 변호사를 선임할 수도 있지만, 신속·간편한 심리를 위하여 경찰의 조서만을 증거로 삼아 유죄를 선고할 수도 있다. 판사는 보통 구류, 과료 또는 벌금형을 선고하지만 즉결심판을 할 수 없거나 즉결심판절차에 의하여 심판함이 적당하지 아니 하다고 인정할 때에는 즉결심판의 청구를 기각하도록 하고 있다. 청구기각 된 사건은 경찰서장이 지체 없이 검찰에 송치하여 일반의 형사절차에 따라 처리된다.

즉결심판에 불복이 있는 피고인은 선고일로부터 7일 이내에 정식재판청구서를 경찰서장에게 제출하면 정식재판을 받을 수 있게 된다. 즉결심판이 확정되면 확정판결과 같은 효력이 있게 되며 형의 집행은 보통 경찰서장이 하고 검사에게 보고한다. 벌금은 20만원 이하이고, 과료는 2,000원 이상 50,000원 미만인데 경찰서장에게 납입하며 구류는 1일 이상 30일 미만으로서 보통 경찰서 유치장에서 집행하나 검사의 지휘 하에 교도소에서 집행하는 경우도 있다.

19 고소 및 고발

　고소란 범죄의 피해자 등 고소권을 가진 사람이 수사기관에 대하여 범죄사실을 신고하여 범인을 처벌해 달라고 요구하는 것이다. 이는 단순히 피해신고를 하는 것과는 다르다. 고소권자는 모든 범죄의 피해자와 피해자가 무능력자인 경우의 법정대리인 그리고 피해자가 사망한 경우는 배우자, 직계친족, 형제자매이다. 다만 자기나 배우자의 직계존속 즉 부모나 시부모, 장인, 장모 등은 원칙적으로 고소할 수 없으나 예외적으로 직계존속으로부터 성폭력을 당했을 때는 직계존속이라도 고소할 수 있다.

　유의할 점은 대통령이나 국무총리, 국회의장, 대법원장, 법무부장관 등 수사기관이 아닌 고위공직자에게 고소장을 제출하는 것은 해당수사기관으로 고소장이 전달되기는 하나 전달되기까지 상당한 기간이 소요되므로 그만큼 수사가 지연되어 고소인에게 손해가 되고 불필요한 국가의 일만 만드는 것이 된다(따라서 형사고소의 경우 국방부에 민원을 제기하는 것은 번거로운 절차를 거칠 뿐 직접적인 도움이 되지 않는다).

　고소는 직접 수사기관에 출석하여 구두로 고소할 수도 있고 고소장을 작성하여 제출할 수도 있다. 그리고 고소장은 일정한 양식이 없고 고소인과 피고소인의 인적사항, 피해내용, 처벌을 원한다는 뜻만 들어 있으면 반드시 무슨 죄에 해당하는지 밝힐 필요는 없다. 다만 피해사실 등이 무엇인지 알 수 있을 정도로 명확하고 특정되어야 한다. 물론, 가명이나 허무인 또는 다른 사람의 명의를 도용하여 고소해서는 안 된다. 그렇게 되면 피고소인만 수사기관에 불려 다니면서 근거 없이 조사를 받는 불이익을 입게 되며, 수사기관은 수사를 중단하고 사건을 종결할 수도 있다. 추가로 고소인은 수사기관에 출석하여 고소사실을 진술할 권리가 있고 수사에 협조할 의무도 있다. 또 검사(군검찰관)가 고소사건을 불기소처분 하게 되면 그 처분통지를 받을 권리가 있고 불기소처분의 사유를 알고 싶으면 알려달라고 요구할 수 있으며, 불기소처분에 불만이 있으면 상급 고등검찰청(군의 경우 소속 부대장)과 대검찰청(군의 경우 참모총장)에 항고 및 재항고를 할 수 있다. 그 외 특별한 범죄에 대하여는 재정신청도 할 수 있다.

참고로, 범죄 중에는 피해자의 명예나 입장을 고려하여 고소가 없으면 처벌할 수 없는 죄가 있는데 그것을 친고죄라 한다. 간통죄, 모욕죄 등이 그것이다. 친고죄는 범인을 알게 된 날로부터 6개월이 지나면 고소를 할 수 없다. 또 한 번 고소를 취소하면 다시 고소할 수 없고, 1심의 판결이 선고된 후에는 고소를 취소하더라도 소용이 없다. 그리고 공범이 있는 경우에는 고소인 마음대로 일부만 고소하거나 취소할 수 없고 공범 전부에게 고소와 취소를 하여야 한다. 특히 간통죄의 경우에는 배우자에게 이혼소송을 제기하거나 혼인이 해소된 후에만 고소를 할 수 있고, 이혼하기로 일단 합의한 후에 간통한 것은 고소할 수 없다.

참고로 친고죄와 달리 고소가 없어도 처벌할 수 있으나 피해자가 처벌을 원하지 않는다는 의사를 표시하면 처벌할 수 없는 죄가 있는데 명예훼손죄, 폭행죄 등이 그것이다. 처벌을 원하지 않는 의사표시는 친고죄의 고소취소와 같은 효력이 있다.

그리고 범죄의 피해자나 고소권자가 아닌 제3자가 수사기관에 대하여 범죄사실을 신고하여 범인을 처벌해 달라는 의사표시를 고발이라고 하는데 형사소송절차에서는 대체로 고소와 같은 취급을 한다.

주의사항으로 고소인은 있는 사실 그대로 신고하여야 한다. 허위의 사실을 신고하는 것은 국가기관을 속여 죄 없는 사람을 억울하게 처벌받게 하는 것이므로 피해자에게 큰 고통을 줄 뿐만 아니라 억울하게 벌을 받은 사람이 국가를 원망하게 되어 결국 국가의 기강마저 흔들리게 되므로 이러한 경우는 무고죄로 처리하게 된다. 흔히 고소장에 상대방을 나쁜 사람으로 표현하기 위하여 자신의 피해사실과 관계가 없는 사실을 근거 없이 과장되게 표현하는 고소인들이 있는데 이는 비윤리적인 처사일 뿐 아니라 잘못하면 그 때문에 무고죄에 해당될 수가 있다. 예컨대 소문난 사기꾼이라든지, 노름꾼으로 사회의 지탄을 받는다든지 하는 등의 표현이다. 또 수사기관에서 불기소처분이 내려졌다거나 국가기관에서 법률상 들어줄 수 없다고 판정이 된 문제에 관하여 고소인 자신이 그와 다른 견해를 가지고 있다 하여 자기의 뜻을 관철하고자 같은 내용의 고소나 진정을 수없이 제기하는 것도 무고죄에 해당될 가능성이 많은 것이다. 일시적 기분에 좌우되어 경솔하게 고소를 하여 후회를 하는 수가 많다.

우리는 고소가 사건해결의 첩경이라고 생각하기 전에 당사자끼리 상호 원만히 해결하는 자세가 필요하다. 피해를 핑계 삼아 과중한 돈을 요구하다가 화해가 결렬되자 홧김에 고소를 하거나, 수십 통의 고소장이나 진정서를 작성하여 여러 곳에 제출하는 사람이 있으나 모두 바람직한 일은 아니다. 또한 가해자 측에서도 자신의 잘못을 피해자에게 정중히 사과하고 상호 원만한 합의를 이루도록 노력하여야 할 것이다.

20 배상명령제도란

　형사사건의 피해자가 범인의 형사재판 과정에서 간편한 방법으로 민사적인 손해배상명령까지 받아 낼 수 있는 제도이다(군에서는 거의 사용되지 않는다). 절도나 상해를 당한 경우에 그 범인이 절도죄나 상해죄로 형사처벌을 받는다고 하더라도 피해자가 피해보상을 받으려면 따로 민사소송절차를 밟아야 하는 것이 원칙이지만 피해자에게 신속, 간편하게 보상을 받도록 해주기 위하여 마련된 제도이다. 이용 가능한 경우는 배상명령을 신청할 수 있는 형사사건 상해를 당했을 때, 상해를 당하여 불구가 되거나 난치의 병에 걸렸을 때, 폭행을 당하여 상해를 입거나 사망한 때, 과실 또는 업무상 과실로 상해를 입거나 사망한 때, 절도나 강도를 당했을 때, 사기나 공갈을 당했을 때, 횡령이나 배임의 피해자일 경우, 재물을 손괴 당했을 때로 한정되어 있다. 배상명령을 신청하는 방법은 위에 정한 범죄의 직접적인 피해자 또는 그 상속인만이 신청할 수 있다. 범인이 피고인으로 재판받고 있는 법원에 2심의 변론이 종결되기 전까지 배상명령 신청서를 제출하면 된다. 다만 그 형사재판에 증인으로 출석하여 증언할 때에는 구두로도 신청할 수 있다. 그리고 배상명령을 신청할 때 에는 별도로 인지를 붙일 필요가 없다. 배상명령의 신청범위는 범죄로 인하여 발생한 직접적인 물적 피해와 치료비 뿐이다. 그 이상 예컨대 위자료까지 신청하려면 민사소송을 제기하여야 한다. 배상명령의 효과에 대하여 배상명령이 기재된 유죄판결문은 민사판결문과 동일한 효력이 있어 강제집행도 할 수 있다. 신청인은 신청이 이유 없다고 각하되거나 일단 배상명령이 있으면 배상명령을 다시 신청할 수 없고 또 인용된 금액 범위 내에서는 민사소송을 제기할 수도 없다. 피고인은 배상명령에 불만이 있으면 유죄판결에 대하여 상소를 하면 된다.

범죄피해자구조제도란

　사람의 생명 또는 신체를 해하는 범죄행위로 인하여 사망하거나 중상해를 당하고서도 가해자를 알 수 없거나 가해자에게 아무런 배상능력이 없는 관계로 피해의 전부 또는 일부를 보상받지 못하고, 생계유지가 곤란한 사정이 있는 때에는 국가에서 피해자 또는 유족에게 일정한 한도의 구조금을 지급하는 제도이다. 그러나 범죄척결에 국민이 안심하고 협조할 수 있도록 범죄수사 또는 형사재판절차에 있어서 고소, 고발이나 증언을 하였다는 이유로 보복범죄를 당한 경우에는 구조요건을 일반범죄의 피해구조요건보다 완화하여 가해자의 불명 또는 무자력, 피해자의 생계곤란 여부와 관계없이 범죄피해구조금을 지급할 수 있도록 되어있다.

　구조금을 지급받을 수 있는 사람은 첫째, 유족구조의 경우는 살인 등 강력범죄로 인하여 사망한 사람의 유족 중에서 피해자 사망 당시 수입에 의하여 생계를 유지하고 있던 배우자, 자, 부모, 손, 조부모, 형제자매이다. 둘째, 장해구조의 경우는 위와 같은 범죄로 인하여 중대한 신체장해를 당한 사람으로 신체장해등급 기준상 1급 내지 3급의 장해에 해당하여 노동능력을 100% 상실한 사람이다. 다만, 피해자와 가해자간에 친족관계(사실상 혼인관계 포함)가 있는 경우, 피해자가 범죄행위를 유발하였거나 당해 범죄피해의 발생에 관하여 피해자에게 귀책사유가 있는 경우, 기타 사회통념상 구조금의 전부 또는 일부를 지급하지 아니함이 상당하다고 인정되는 경우, 또한 범죄피해를 원인으로 국가배상법 또는 기타 법령에 의한 급여 등을 지급받을 수 있는 경우나, 가해자로부터 손해배상을 받은 때에는 그 금액의 한도 내에서 구조금을 지급하지 아니한다.

구조금을 지급받고자 하는 사람은 그 주소지 또는 범죄발생지를 관할하는 지방검찰청에 설치된 범죄피해구조심의회에 신청하면 된다(군인의 경우는 국가배상법상 국가로부터 치료 및 배상을 받게 되어 실질적으로 구조금 지급을 받지 못하는 경우가 다반사이다). 다만, 범죄로 인한 피해가 발생한 것을 안 날로부터 1년이 경과하였거나, 범죄피해가 발생한 날로부터 5년이 경과한 때에는 신청을 할 수 없다. 구조금액은 유족구조금의 경우 1,000만 원을 지급할 수 있도록 하였다. 장해구조금은 장해의 정도에 따라 1급은 600만 원, 2급은 400만 원, 3급은 300만 원을 지급할 수 있도록 하였다. 한편, 피해자의 장해 정도가 명확하지 않거나 그 이외의 사유로 인하여 신속하게 구조 결정을 할 수 없는 때에는 피해자의 응급구제를 위하여 유족구조금의 경우는 200만 원, 장해구조금의 경우는 100만 원의 한도 안에서 가구조금을 우선 지급할 수도 있다.

22 형사보상제도란

형사재판절차에서 무죄재판을 받은 자는 재판확정 전까지의 구금에 대한 보상을 청구할 수 있고, 피의자로서 구금된 후 불기소된 자는 그 구금에 대한 보상을 청구할 수 있는 제도이다(단, 구금된 이후에 불기소할 사유가 있는 경우, 기소중지등 종국처분이 아닌 경우 및 기소유예, 공소보류 등의 경우는 제외). 보상금 청구절차로 형사재판 절차에서 무죄재판을 받은 자는 재판이 확정된 날로부터 1년 이내에 무죄재판을 한 법원에 보상을 청구하여야 하고, 법원은 보상청구가 이유 있을 때 보상결정을 하게 되며, 청구인은 보상결정이 송달된 후 1년 이내에 보상결정 법원에 대응한 검찰청에 보상금지급을 청구하여야 한다(군인의 경우 형사보상법 준용규정에 의거, 국방부장관 위임에 의거 육군 지구심의회에서 처리한다). 단, 형사미성년자, 심신장애자 등의 사유로 무죄재판을 받은 경우, 본인이 허위자백을 하거나 또는 다른 유죄의 증거를 만듦으로써 기소, 미결구금 또는 유죄판결을 받게 된 것으로 인정된 경우, 1개의 재판에서 일부에 대하여 무죄재판을 받고 다른 부분에 대하여 유죄재판을 받았을 경우는 법원의 재량에 의하여 보상청구의 전부 또는 일부가 기각될 수 있다.

피의자로서 구금된 후 기소되지 아니한 자는 검사로부터 불기소처분의 통지를 받은 날로부터 1년 이내에 불기소처분을 한 검사가 소속하는 지방검찰청(지방검찰청 지청의 검사가 그러한 처분을 한 경우에는 그 지청이 속하는 지방검찰청)의 피의자보상심의회에 보상을 청구할 수 있다. 단, 본인이 허위의 자백을 하거나 다른 유죄의 증거를 만듦으로써 구금된 것으로 인정되는 경우, 구금기간 중 다른 사실에 대하여 수사가 행하여지고 그 사실에 관하여 범죄가 성립한 경우, 보상을 하는 것이 선량한 풍속 기타 사회질서에 반한다고 인정할 특별한 사정이 있는 경우는 피의자보상의 전부 또는 일부를 지급하지 아니할 수 있다.

일상생활에서 알아두면 편리한
생활법률

민사편

1 금전거래 관계의 유의사항

1-1. 거래는 명확히 하여야 한다

금전거래는 불화의 근원이란 말이 있다. 가까운 친구나 친척사이
에 불명확한 돈 거래로 인하여 사이가 나빠지는 경우가 많기 때문
이다. 거래관계는 명확해야만 분쟁을 예방할 수 있는 것이다. 상세
한 문서를 작성하여 교환하는 것이 거래관계를 명확히 하는 가장
좋은 방법이다. 계약 시에는 계약서를, 돈을 주고받을 때에는 영수
증을 반드시 작성하여야 한다.

1-2. 상대방을 잘 확인하자

모르는 사람끼리 돈 거래가 이루어질 때 상대방의 직업, 주소, 성
명 등을 주민등록증 등에 의하여 확인하여야 한다. 상대방의 재력
과 신용은 스스로 확인하여야 한다. 은행에 거래상황을 조회해 보
는 것도 한 방법이 될 수 있으나 지능적인 사기범은 이를 이용하기
도 한다. 미성년자에게 돈을 빌려줄 때는 보호자(부모)의 동의가 있
어야 하고 동의가 없으면 미성년자의 보호자가 계약을 취소할 수

있으므로 손해를 볼 경우가 생긴다. 법인 즉 회사 등과 거래할 경우에는 상대방이 그 회사를 대표하는 정당한 권한이 있는지를 확인하여야 하며 단지 그 회사의 임직원과 개인적으로 돈거래 하는 형식의 계약서를 만들면 손해를 보는 경우가 생긴다.

1-3. 돈을 빌려줄 때 유의할 점

돈을 빌려줄 때는 상대방의 재력과 신용을 확인하는 것이 특히 중요하다. 상대방의 신용과 재력이 의심스러울 때는 회수확보를 위한 담보를 취득하여야 한다. 담보에는 인적담보와 물적담보가 있다. 인적담보는 제3자로 하여금 보증이나 연대보증을 서도록 하는 것인데 제3자의 재력 등도 확인하여야 한다. 물적담보로는 흔히 부동산에 저당권이나 가등기를 설정하는 방법, 소유권이전등기를 받는 방법 등이 있고 동산이나 유가증권을 담보로 받아두는 경우도 있다. 흔히 전세보증금을 담보로 하는 경우가 있는데 이때는 반드시 전세보증금 반환채권의 양도계약을 체결하고 집주인을 만나 승낙을 얻거나 채무자로 하여금 집주인에게 내용증명우편으로 통지를 하도록 조치하여야 효력이 있는 것이고 단지 채무자의 전세계약서를 받아 놓는 것만으로는 아무런 효력이 없음을 유의하여야 한다. 특히, 가정주부에게 돈을 빌려줄 때는 그 돈이 자녀들의 학비나 식비 등 일상 가사비용으로 사용된다면 그 남편에게도 변제책임이 있으나 일상가사와 관계없이 주부가 계를 한다든지 사치나 유흥비로 쓴다든지 하는 경우는 남편이 별도로 보증을 서지 않는 한 단지 그러한 사실을 알고 있었다는 것만으로는 남편에게 변제 책임이 없음을 유의하여야 한다.

그리고 약속어음을 할인하는 형식으로 돈을 빌려줄 때에는 약속어음의 배서가 연속되는가를 확인하여야 하고 배서인이나 발행인이 아니면 어음상의 책임을 지지 아니하므로 반드시 채무자의 배서를 받아야 한다. 또한 수표는 백지수표를 담보로 돈을 빌려줄 때가 많은데 발행일자를 기재하지 않고 제시를 하거나 기재한 발행일자보다 10일이 넘은 후에 제시하여 부도가 난 경우는 발행인의 형사책임이 면제되므로 유의해야 한다. 마지막으로 도박이나 강도와 같은 범죄에 제공될 자금인 줄 알면서 돈을 빌려준 경우는 상대방이 임의로 갚아주면 좋으나 갚지 않으면 법률상 청구할 수가 없는 것이므로 나쁜 일에 돈을 빌려주지 말아야 한다.

1-4. 돈을 빌릴 때 유의할 점

일반적으로 돈을 빌리는 사람은 다급하기 때문에 이자나 담보관계 등에 있어서 채권자(전주)의 요구에 따라 가혹한 조건을 강요당하는 경우가 많으므로 계약서의 내용을 상세히 파악하여야 한다. 원금이나 이자를 갚으면 반드시 영수증을 받아야 하고 원리금을 완전히 변제한 경우는 미리 교부해 주었던 차용증서나 어음, 수표 등을 회수하지 않으면 비양심적인 채권자에게 이중으로 변제하여야 할 위험성이 크다. 악덕 사채업자 중에는 비싼 담보물을 헐값에 취득할 목적으로 변제기일에 일부러 만나주지 않거나 변제기일을 연기해 주겠다고 속여 안심시킨 후 변제기일을 넘겨 담보물을 처분하는 경우가 있으므로 이럴 때에는 지체 없이 공탁절차를 밟아야 한다. 이자는 약정이 없는 한 이를 지급할 필요가 없으나 변제기가 경과된 경우에는 연 5푼의 민법상 이자를 지급하여야 한다. 그리고 이자제한법이 폐지되기 전인 1998년 1월 13일 이전의 이자 약정으로서 연 2할 5푼을 초과하는 이자약정은 무효이므로 초과부분은 물지 않아도 된다.

1-5. 기타

채무자가 사망한 경우 채무도 상속되므로 채권자는 그 상속인에게 변제를 청구할 수 있다. 상속인이 채무를 면하려면 상속을 포기하거나 상속의 한정승인을 하여야 한다. 채무자가 약속대로 변제를 하지 아니한다면 채권자는 결국 법적절차에 따라 재판과 강제집행의 방법으로 변제를 받을 수밖에 없다. 그러한 경우에 앞서 설명한대로 충분한 변제확보 방법을 강구해 놓지 못한 채권자는 손해를 볼 가능성이 많다. 그리고 실제로 불성실한 채무자가 재산도피 등의 방법으로 강제집행을 면탈하는 경우에도 증거가 부족하여 채무자의 형사처벌이 불가능한 때가 대부분이다. 그러나 그렇다고 하여 합법적 수단을 포기하고 속칭 해결사를 동원한다든지 하는 폭력수단으로 돈을 받아내려고 시도하는 것은 그 자체가 더 큰 범죄라는 사실을 명심하여야 할 것이다.

2 보증

2-1. 보증의 의의

금전소비대차 등에서 채권자는 채무자가 계약을 지키지 않고 채무의 내용을 이행하지 않을 경우를 대비하여 채권의 확보방안으로 채무자 이외의 제3자의 재산으로 채권을 담보하는 제도가 보증이다. 이 경우 채무자 이외의 제3자를 "보증인"이라 하고, 보증인이 부담하는 채무를 "보증채무"라고 하며, 보증채무를 발생케 하는 계약을 "보증계약"이라고 한다. 보증은 보증인의 일반재산으로 채권을 담보하나 다른 채권자에 우선할 수 있는 우선변제권이 없다는 점에서 채권자가 다른 채권자에 우선하여 부동산이나 동산·주식 등의 특정재산으로 부터 우선변제를 받을 수 있는 저당권, 질권 등 물적담보제도와 구별된다.

2-2. 보증의 성립

가. 보증계약의 당사자

보증은 주채무자로부터 보증인이 되어 달라는 부탁을 받고 보증인이 되는 경우와 부탁 없이 자청하여 보증인이 되는 경우가 있으나 어느 경우나 보증인과 채권자가 보증계약의 당사자이고 주채무자는 보증계약과는 직접 관계가 없다. 그러나 현실적으로는 주채무자가 보증인의 사전 허락을 받아 대리인으로서 채권자와 보증계약을 체결하는 경우가 많이 있다. 보증인이 채권자와 보증계약을 함에 있어서 주채무자에 의하여 기만당하거나 채무자의 자력, 담보 등에 관하여 착오가 있더라도 이를 보증계약의 내용으로 하지 않는 한 보증계약을 취소할 수 없다. 보증계약은 특별한 방식을 요구하지 않으므로 보증에 관한 당사자(보증인과 채권자)의 합의만 있으면 성립하나, 다툼을 피하기 위해서는 서면으로 명확히 할 필요가 있다.

나. 보증인의 자격

보증계약도 일반 계약능력 및 행위능력은 필요하다. 한편 법률상 또는 계약상 보증인을 세워야 할 의무가 있는 경우에는 그 보증인은 행위능력과 변제능력이 있어야 하고, 보증인이 변제자력이 없게 된 경우에는 채권자는 자신이 특정인을 보증인으로 지명한 때

이외에는 그 요건을 갖춘 자로 보증인의 변경을 요구할 수 있다. 보증채무는 주채무의 존재를 필요로 하므로 주채무가 불성립하거나 소멸하였을 때에는 무효이며, 주채무가 취소된 때에는 보증계약도 소급하여 무효가 되고, 주채무가 조건부로 효력이 생길 때에는 보증채무도 조건부로 효력이 생긴다. 장래의 채무를 위한 보증이나 장래 증감하는 채무를 결산기에 있어서 일정한 한도액까지 보증하는 근보증 또는 계속적 보증도 가능하다.

2-3. 보증의 내용

가. 일반보증

보증의 내용은 보증계약에 의하여 정해진다. 보증채무의 범위는 주채무의 범위보다 넓어서는 안 되며, 만약 넓을 때에는 주채무의 한도로 감축된다. 그러나 보증채무가 주채무보다 적은 것은 무방하다. 특약이 없는 한 보증채무는 주채무의 이자, 위약금, 손해배상 기타 주채무에 종속한 채무를 포함하나, 보증계약 성립 후에 주채무자와 채권자가 계약으로 주채무의 내용을 확장하는 경우 등과 같이 동일성이 없는 경우에는 보증채무가 확장되지 않는다.

나. 근보증 또는 계속적보증

계속적 보증계약에 기간의 약정이 없는 때에는 보증인은 보증계약 체결 후 상당한 기간이 경과되면 보증계약을 해지할 수 있으며, 계속적 보증은 원칙적으로 상속되지 아니한다. 또한 보증계약 체결 당시 예상할 수 없었던 특별한 사정 즉 채무자의 자산상태가 급격히 악화된 경우에는 상당한 기간이 경과되지 않더라도 보증계약을 해지할 수 있다.

2-4. 보증의 효력

가. 보증채무 청구

채권자는 주채무자가 채무의 이행을 하지 않는 때에는 보증인에게 보증채무의 이행을 청구할 수 있다.

나. 보증인의 최고·검색의 항변권

보증인은 채권자가 주채무자에게 청구를 해보지도 않고 보증인에게 청구하여 온 때에는 주채무자가 변제능력이 있다는 사실 및 그 집행이 용이하다는 것을 증명하여 먼저 주채무자에게 청구할 것을 요구할 수 있다. 그러나 연대보증인은 최고·검색의 항변권이 없다. 최고·검색의 항변권을 행사하였음에도 불구하고 채권자가 주채무자에게 청구하는 것을 태만히 하여, 그 후 주채무자로부터 주채무의 전부나 일부를 변제받지 못하게 된 때에는 곧 청구하였으면 변제받을 수 있었을 한도에서 보증인은 그 채무를 면하게 된다. 보증인은 주채무자가 채권자에 대하여 가지는 항변사유로 채권자에게 대항할 수 있다. 그리고 주채무자에 관하여 생긴 사유는 원칙적으로 모두 보증인에게 효력이 생긴다. 따라서 주채무가 소멸하는 때에는 보증채무도 소멸한다. 그러나 보증인에게 생긴 사유는 주채무를 소멸시키는 행위(변제, 대물변제, 공탁, 상계등) 이외에는 주채무자에게 영향을 미치지 않는다.

2-5. 보증인의 구상권

보증인은 채권자에 대한 관계에 있어서는 자기의 채무를 변제하는 것이지만, 주채무자에 대한 관계에 있어서는 타인의 채무를 변제하는 것이 된다. 따라서 보증인의 변제 등으로 주채무자가 채무를 면하게 된 경우에는 보증인은 주채무자에 대하여 구상할 수 있는 권리를 가진다. 주채무자의 부탁으로 보증인이 된 자가 과실 없이 변제 기타의 출재로 주채무의 전부 또는 일부를 소멸하게 한 때에는 출재한 금액의 한도 내에서 주채무자에게 구상할 수 있는 권리를 가진다. 주채무자의 부탁없이 보증인이 된 자가 변제 기타 자기의 출재로 주채무의 전부 또는 일부를 소멸하게 한 때에는 채무를 면하게 한 행위 당시 또는 구상권을 행사할 당시에 주채무자가 이익을 받고 있는 한도 내에서 구상할 수 있는 권리를 가진다. 단, 보증인이 통지의무를 게을리 하면 구상할 수 있는 권리가 제한된다. 즉, 보증인이 주채무자에게 미리 통지하지 않고 변제 기타 출재로 주채무를 소멸하게 한 경우에 주채무자가 채권자에게 대항할 수 있는 사유가 있었을 때에는 그 사유로 보증인에게 대항할 수 있어 그 범위에서 보증인의 구상권이 제한된다. 한편 주채무자가 통지를 게을리하여 부탁받은 보증인이 선의로 이중 변제한 경우에는 보증인은 주채무자에게 구상할 수 있다.

2-6. 연대보증

연대보증이라 함은 보증인이 주채무자와 연대하여 채무를 부담함으로써 주채무의 이행을 담보하는 보증채무를 말한다. 연대보증은 채권의 담보를 목적으로 하는 점에서 보통의 보증과 같으나 보증인에게 최고·검색의 항변권이 없으므로 채권자의 권리담보가 보다 확실하다. 채권자는 연대보증인이 수인인 경우 어느 연대보증인에 대하여서도 주채무의 전액을 청구할 수 있다. 연대보증은 보증인이 주채무자와 연대하여 보증할 것을 약정하는 경우에 성립한다. 연대보증인에게는 앞서 설명한 최고·검색의 항변권이 없으나 주채무자가 채권자에 대해 가지는 항변권과 구상권 등은 가지고 있다.

2-7. 신원보증

가. 신원보증의 의의와 종류

신원보증은 고용계약에 부수하여 체결되는 보증계약이다. 신원
보증에는 ① 노무자가 장래 고용계약상의 채무불이행으로 인하여
사용자에 대하여 손해배상채무를 부담하는 경우에 그 이행을 담
보하는 일종의 장래채무의 보증 또는 근보증과 ② 이보다 넓게 노
무자가 사용자에 대하여 채무를 부담하는지 부담하지 않는지를
묻지 않고 노무자 고용에 의하여 발생한 모든 손해를 담보하는 일
종의 손해담보계약과 ③ 기타 모든 재산상의 손해뿐만 아니라 노
무자의 신상에 관하여 노무자 본인이 고용상의 의무를 위반하지
않을 것과 질병 기타에 의하여 노무에 종사할 수 없는 경우에 사
용자에게 일체의 폐를 끼치지 않을 것을 담보하는 신원인수가 있
다. 통상의 경우 신원보증은 손해담보계약으로 볼 수 있으나 구체
적으로는 당사자의 의사에 따라 결정된다.

나. 신원보증의 내용과 효력

신원보증도 보증인과 사용자와의 신원보증계약에 의하여 성립하
는데 신원보증의 계약내용이 광범위하고 장기간에 걸쳐 있는 것이
일반적이므로 신원보증 시 노무자의 성실성, 노무의 내용, 보증기
간 등에 유의하여 신원보증계약을 체결하여야 한다. 신원보증과 관

런하여 신원보증법이 있는데, 이에 위반하여 신원보증인에게 불리한 계약을 체결하는 것은 무효이다. 동 법에 의하면 기간을 정하지 않은 신원보증계약의 보증기간은 그 보증계약일로부터 3년간이고, 기능습득자의 신원보증기간은 5년으로 되어 있다. 신원보증 계약 기간은 5년을 초과하지 못하고 이를 초과한 기간은 5년으로 단축된다. 또한 기간갱신을 할 수 있으나 5년을 초과할 수 없도록 하고 있다. 피용자를 고용한 사용자는 다음의 경우에 신원보증인에게 지체 없이 통지하여 신원보증인에게 계약해지의 기회를 주어야 한다. 피용자가 업무상 부적임하거나 불성실하여 이로 말미암아 신원보증인의 책임을 야기할 염려가 있음을 안 때 피용자의 임무 또는 임지를 변경함으로써 신원보증인의 책임을 가중하거나 또는 그 감독이 곤란하게 될 때 신원보증인의 보증책임이 발생한 경우 법원은 신원보증인의 손해배상의 책임과 그 금액을 정함에 있어 피용자의 감독에 관한 사용자의 과실의 유무, 신원보증인이 신원보증을 하게 된 사유 및 그에 대한 주의정도, 피용자의 임무·신원의 변화 기타 일체의 사정을 참작하도록 하고 있다. 신원보증계약은 신원보증인의 사망으로 그 효력은 상실하고 상속되지 않는다. 단, 이미 발생한 채무는 상속된다.

2-8. 보증보험제도

보증보험제도는 특수한 보증제도로서 보증보험회사와 이용자가 보증보험계약을 체결하고 그 보험증권으로 보증을 대신할 수 있는 제도이다. 인적담보제도는 보증인의 자력에 의존하는 것이므로 그 자력이 부족하면 채권을 담보할 수 없게 되므로 보증인의 자력확보가 문제였으나 이를 보완할 수 있는 제도가 보증보험제도이다. 보증보험은 가압류, 가처분 등의 보증공탁 시 공탁금을 보증보험증권으로 대체함으로써 비교적 많은 금액을 현금으로 납입해야 하는 불편을 덜어주며, 각종 할부구매, 신원보증의 경우는 물론 형사사건의 보석보증금 납부 필요시에도 이용된다. 보증보험계약 체결 시 보증보험회사에 납부하여야 할 보험료는 보험상품에 따라 차등이 있으나, 공탁보증보험의 경우 보험가입금액의 0.75%, 보석보증보험의 경우 보험가입금액의 0.8%의 저렴한 보험료로 각종보증을 대신할 수 있는 편리한 제도이다. 보증보험청약서와 약정서 등을 작성할 때에는 그 내용을 정확히 숙지하여야 뜻하지 않은 불이익을 피할 수 있다.

어음·수표

3-1. 어음·수표의 기능

　금전이나 물품을 거래하면서 많은 경우 어음이나 수표를 주고 받게 된다. 여기서 어음이란 일정한 금액을 지급함을 목적으로 하여 발행되는 유가증권을 말하고, 수표란 발행하는 사람이 은행에 대하여 그 수표를 가지고 오는 사람에게 일정한 금액의 지급을 부탁하는 형식의 유가증권을 말한다. 수표의 지급인은 은행이기 때문에 그 발행 전에 은행에다 자금을 맡겨놓아야 하는데 이를 위해 당좌예금이라는 것을 하여야 하나 어음은 당좌예금을 이용할 수도 있지만 당좌예금이 없이도 발행할 수 있다. 참고로 은행도어음은 지급장소가 은행이므로 할인 등 유통이 비교적 용이하다는 점은 있으나 채무불이행사태가 발생하면 차용증서나 현금보관증과 하등 다를 바 없으므로 은행도어음 거래 시에도 개인어음 거래 시와 같이 상대방의 자력을 미리 알아보아야 한다. 실제로 어음사기단은 개인어음이 아니라 은행도어음을 이용한 경우가 대부분이다.

3-2. 어음·수표 발행 시 유의사항

어음·수표를 발행할 때에는 일정한 형식요건을 갖추어야 한다. 어음·수표를 발행함으로써 새로운 채권·채무관계가 생기며, 발행된 어음·수표는 계속 유통될 것이 예상되는 것이므로 반드시 기재하여야 할 사항이 법으로 엄격히 규정되어 있다. 기재사항을 누락하면 어음·수표 자체가 무효로 되거나 발행인이 생각했던 바와는 전혀 다른 결과를 초래하는 수도 있다.

3-3. 어음·수표 취득 시 유의사항

필요한 기재사항과 배서연속을 확인하고, 해당은행에 어음·수표에 대한 사고계가 나와 있는가를 확인하여야 한다. 배서가 연속되어 있다 하여도 안심하고 취득하는 것은 금물이다. 가공의 회사를 내세워 어음을 발행하고 부도내는 경우가 있으므로 거래 상대방의 신용상태를 믿을 수 없다면 취득하지 말거나 재산 있는 사람의 배서를 받아 취득하여야 한다. 특히 법인이 기명날인한 증권인 경우에는 상법상 자기 거래에 해당되지 않는가를 잘 조사해 보아야 한다. 이미 기재한 사항이 정정된 경우 위조·변조가 되어 생각지도 못했던 손해가 생길 수 있으므로 정정·말소가 정당한 권한이 있는 자에 의하여 이루어진 것인가를 확인해야 한다. 수표가 부도나는 경우에는 수표의 발행인은 어음의 경우와는 달리 민사책임 외에 은행의 거래정지 처분과 부정수표단속법에 의한 형사적인 제재까지도 받게 되므로 어음보다는 수표를 취득하는 것이 그 대금지급을 보다 확실히 하는 방법이라고 할 수 있다. 참고로 어음에 대하여 공증인이나 법무법인 또는 공증인가 합동법률사무소에 가서 미리 공증을 받아두면, 굳이 소송을 하여 판결을 받지 않더라도 공증인이나 공증인가 합동법률사무소등으로부터 공증한 어음에 집행문을 부여받아 곧바로 강제집행을 할 수 있으므로 편리하다.

3-4. 어음·수표 양도 시 유의사항

어음을 양도할 때는 배서에 의하게 된다. 배서란 어음의 유통을 증진시키기 위하여 법이 인정하고 있는 간편한 양도방법을 말한다. 어음을 가지고 있는 사람이 보통 어음의 뒷면에 어음의 권리를 특정인에게 양도한다는 취지를 쓰고, 자기이름과 도장을 찍거나 서명하여 그 특정인에게 주는 것이다. 어음을 받을 자(피배서인)는 배서인에 의해 지정될 수도 있고, 지정되지 않고 백지인 상태로 그냥 양도(백지식 배서)될 수도 있다. 어음에 배서한다는 것은 마치 어음발행인의 채무를 보증하는 것과 같은 효과를 가져 온다. 따라서 비록 발행인에게 신용이 없거나 돈이 없다 하여도 유력자가 배서하면 그 어음의 신용은 높아지는 것이다. 수표도 어음에서와 같은 배서가 인정되고 있다. 그러나 수표는 지급만을 목적으로 하는 특성 때문에 어음의 배서와는 다른 점이 있다. 즉, 수표배서인은 지급담보책임만을 부담하므로 지급인(보통은행)은 배서할 수 없고, 지급인에 대한 배서는 영수증의 효력만이 있다. 소지인 출급식 수표 또는 무기명식 수표(수표에 위 수표금액을 수표소지인에게 지급하라는 뜻의 문구가 있는 수표)는 양도함에 있어 배서할 필요가 없고 수표를 인도하면 된다. 보통 은행에서 이들 수표에도 전화번호 또는 주소와 이름을 쓰라고 요구하는데 이것은 수표의 입금경로를 명확히 하려는 것이지 법률상 필요에서 하는 것은 아니다. 기명식 수표 또는 지시식 수표(수표에 위 수표금액을 ○○에게 또는 ○○○가 지시하는 사람에게 지급하라는 뜻의 문구가 있는 수표)는 어음과 같이 배서에 의하여 양도된다.

3-5. 어음·수표 사고시의 조치

어음의 위조란 권한 없는 자가 다른 사람의 이름과 도장 또는 서명을 위조하여 마치 그 사람이 어음을 발행한 것처럼 하는 것이다. 명의를 도용당한 사람은 어떤 사람이 청구해 오든지 어음이 위조되었음을 내세워 이 청구를 배척할 수 있다. 어음의 변조란 권한 없는 자가 기명날인 또는 서명 이외의 어음의 기재사항을 변경·삭제하거나 새로운 내용을 추가하는 것을 말한다. 백지어음의 경우 소지인이 보충권을 남용하여 미리 합의한 바와 다른 내용을 보충한다 하여도 변조가 되는 것은 아니다. 어음이 변조된 경우 변조 전에 기명날인 또는 서명한 사람은 원래의 내용대로 책임을 지고, 변조 후에 배서한 사람은 변조후의 내용에 따른 책임을 진다. 어음·수표를 분실하거나 도난당한 경우 소지인은 먼저 경찰서에 분실·도난신고를 하고 발행인 및 은행에 그 사실을 알림과 동시에 지급위탁을 취소하여 지급정지를 시켜야 한다. 그 후 새로운 취득자와 합의를 보거나 법원에 공시최고절차에 의한 어음·수표의 제권판결을 받아야 한다. 제권판결이 있으면 분실·도난 된 어음과 수표는 무효가 되며 제권판결 신청인은 어음이나 수표가 없어도 위 판결문으로 권리를 행사하여 돈을 지급받을 수 있다. 어음·수표가 훼손되거나 불에 타는 등 멸실된 경우에도 제권판결을 받아 권리를 행사할 수 있다. 어음·수표의 부도란 어음·수표의 지급기일에 어음·수표금이 지급되지 아니하는 것을 말한다. 부도사유로는 예금부족, 무거래, 형식불비(인감누락, 서명·기명 누락, 인감불분명, 정정인 누락·상이, 지시금지, 횡선조건 위배, 금액·발행일자 오기, 배서 위배), 사고계 접수(분실·도난·피사취), 위조·변조, 제시기일 경과 또는 미달(제시기일 미달은 수표의 경우는 제외), 인감·서명 상이, 지급지 상이, 법에 의한 지급제한 등이 있다. 어음·수표의 소지인이 액면금액을 회수하려면 발행인이나 배서인등 부도어음·수표의 채무자와 그 지급을 교섭하고 최종적으로는 민사소송을 하여야 한다. 주채무자인 약속어음의 발행인과 환어음의 인수인은 물론 배서인이나 보증인을 상대로 어음·수표의 소지인은 순서에 관계없이 그 중 누구에게도 청구할 수 있고 또 모두에 대하여 동시에 전액을 청구할 수도 있다. 이 때 어음·수표에 관한 청구는 일반채권에 비하여 시효기간이 짧으므로 주의하여야 한다. 어음의 경우 발행인에 대하여는 지급기일로부터 3년 이내에, 배서인에 대하여는 지급기일로부터 6개월 이내에 청구하지 않으면 시효가 완성되어 어음채권을 상실한다.

3-6. 형사책임

어음은 부도가 나더라도 특히 사기죄가 되지 않는 한 발행인 등이 형사책임을 지지 않으나, 수표는 부도가 나면 발행인은 부정수표단속법에 의하여 형사처벌을 받게 된다. 그러나 수표를 받아두었다고 하여 안심하여서는 안 된다. 소지인이 법에 정한 10일 이내에 수표를 은행에 제시하지 않은 경우에는 부도가 났다 하더라도 부정수표단속법위반죄로 처벌되지 않기 때문이다. 그리고 연수표라고 하는 선일자(先日字)수표가 있는데 이 경우에도 수표에 기재된 발행일자로부터 10일 이내에 제시되어야 한다. 1993년 12월 10일 법이 개정되어 수표발행 후 예금부족, 거래정지처분 등의 사유로 부도가 난 경우에는 제1심 판결 선고 전까지 그 수표가 회수되거나, 회수되지 아니하였다 하여도 수표 소지인의 명시한 의사에 반하여 발행인은 처벌되지 아니한다.

4 부동산 거래에 있어서 유의할 사항

우리는 일상생활에서 토지나 집 등을 사고파는 부동산 거래를 많이 하고 있다. 그러나 무주택자가 근근이 모은 돈으로 집을 장만하려다가 사기를 당하는 등 피해를 입은 경우도 적지 않다. 그래서 부동산 거래를 함에 있어서 피해를 예방하기 위하여 최소한 다음과 같은 사항을 유의하여야 할 필요가 있다.

4-1. 계약전 유의사항

부동산을 사고자 하는 자는 먼저 해당지번을 확인하고, 임야대장, 토지대장, 등기부등본, 가옥대장, 도시계획확인원, 토지이용계획확인원 등을 떼어보고 현장을 반드시 확인하여야 한다. 현장과 등기부, 토지대장, 가옥대장 등과의 일치 여부를 사전에 알아보아야 하고 매도하려는 자가 실제 소유자인가의 여부도 신중하게 알아보아야 한다. 부동산 중개업소에서 소개하는 경우에도 본인이 직접 위와 같은 조치를 취하여 알아보는 것이 좋다. 상대방이 보여주는 등기부등본만을 믿어서는 안 된다. 최근에는 복사기술이 발달되어 정당한 등본이라도 이를 고쳐서 다시 복사하는 사례가 많아 원본과 다른 복사분이 많이 나돌고 있기 때문에 등본이 있으면 반드시 관계공무원의 인증(원본과 같다는 확인)이 있는가의 여부를 확인하여야 할 것이고, 근본적으로 본인이 직접 등기부를 열람하여 확인하거나 이를 떼어 보아야 한다. 상대방이 보여주는 등기권리증도 자세히 살펴보고 원본인가를 확인하여야 한다. 단시일에 권리자가 수명씩 바뀌는 등 권리변동 관계가 빈번하고 복잡한 것은 일단 의심을 하고 사지 말아야 한다. 여러 가지 담보물권이나 예고등기, 가등기가 설정되어 있는 것은 사지 않는 것이 현명하다. 또 매수직전에 비로소 보존등기가 되거나 기타 상속등기나 회복등기가 된 것은 일단 의심을 해야 한다. 소송으로 확정판결을 받은 물건을 매수할 때에는 패소판결을 받은 자를 찾아가 사실여부를 확인하는 것이 좋다. 재산세 납세자가 소유자와 다른 경우에는 그 이유를 알아보아야 하며, 또 건축과 관련하여 도시계획 여부, 개발제한구역 여부 등도 반드시 확인하여야 한다. 해당지역이 토지거래 허가 구역으로 지정 고시된 지역인지 여부를 사전에 확인할 필요가 있다.

4-2. 계약 시 유의사항

계약서는 구체적으로 명백히 쓰고 애매한 문구로 인하여 손해를 보는 일이 없도록 하고, 특히 부동산중개업소에 인쇄되어 있는 계약서 용지를 사용하려면 이를 면밀히 읽어보고 검토할 것이며 특약이 있으면 그 특약도 명백히 기재하여야 한다. 계약 시에는 매도인 측 대리인과 계약하지 말고 거래당사자간에 직접 계약하는 것이 좋고, 부동산중개업소의 소개로 계약하는 경우에도 매도인과 직접 계약하는 것이 좋으며 반드시 입회인을 두는 것이 좋다. 부동산중개업소의 말만 믿고 계약하지 말아야 한다. 매도인 측의 말만 믿고 이를 그대로 매수인에게 전하는 수도 있을 수 있고 계약을 성립시키기 위해서 과장된 말을 할 수도 있기 때문이다. 시가에 비하여 현저히 싸거나 별 이해관계도 없는 자들이 사라고 권유하는 부동산은 계약하지 않는 것이 현명하다. 매수만 하면 금방 돈을 번다고 하고서도 자기들이 사지 않고 남보고 사라고 권유하는 것 자체가 이상하다. 신문지상의 광고만을 믿고 경솔하게 계약해서는 안 된다. 왜냐하면 광고에는 좋고 유리한 것만 나오지 부동산 자체의 결함은 나오지 않기 때문이다. 부동산의 결함을 알아보기 위해서는 토지대장, 임야대장, 가옥대장 등도 확인하여 등기부와 일치여부를 알아 볼 필요가 있다. 토지거래규제 대상지역의 토지거래 시에는 토지거래계약허가 등 절차를 밟아야 한다. 일생일대의 중대한 생활터전을 마련하려는 경우일수록 사전확인을 치밀히 해야 하고, 변호사나 법무사, 기타 법을 아는 사람 혹은 법률상담실을 찾아가 상의해 본 후 계약하는 것이 좋은 방법이다.

4-3. 대금 지급 및 등기 시 유의사항

중도금이나 잔대금을 지급할 시에는 반드시 영수증을 주고받는 등 대금지급 내용을 명확히 하여야 한다. 등기부는 중도금 지급, 잔금 지급시마다 그 직전에 확인하여야 한다. 중도금을 받고도 이중으로 매도하는 수가 있기 때문이다. 잔금을 지급함과 동시에 매도인으로부터 등기권리증, 인감증명서 등 권리이전서류를 받아 60일 이내에 관할등기소에 이전등기 절차를 마치도록 한다. 만약 이 기간 내에 등기신청을 하지 않았을 경우에 최고등록세액의 500%까지 등기신청해태에 따른 과태료가 부과됨을 유의하여야 한다. 이전등기 수속을 마친 후 등기부등본을 떼어서 이전등기가 된 것을 확인해야 한다.

부동산

5-1. 부동산이란

토지와 건물을 부동산이라고 한다. 부동산은 위치가 고정되어 있고 일반적으로 재산적 가치가 매우 크다.

5-2. 부동산등기란

부동산의 권리관계를 모든 사람에게 알려주기 위한 방법으로 국가에서 등기부라고 하는 공적인 장부를 만들어 놓고 등기공무원으로 하여금 부동산의 표시와 권리관계를 기재하도록 하는 것이 부동산등기제도이다. 등기부는 누구나 소정수수료를 납부하고 그 등본을 교부받거나 열람을 할 수 있고 또한 이해관계가 있는 부분에 한하여 등기신청서류를 열람할 수 있다.

5-3. 한 개의 부동산과 한 개의 등기부

우리나라는 부동산 1개마다 등기부 1개씩을 만들어 등기소에 보관하고 있다. 부동산이 한 개냐 두 개냐 하는 구별은 쉽지 않다. 토지는 원래 연속되는 것이므로 인위적으로 선을 그어서 나누고 지번을 매기는데 토지 1필지가 1개의 부동산이 된다. 따라서 큰 토지도 있고 작은 토지도 있으며, 1개의 토지가 분필이 되면 여러 개의 부동산이 되고, 반대로 여러 개의 토지가 합필이 되면 1개의 부동산이 된다. 건물은 토지에 붙어있는 것이지만 별개의 부동산으로 취급되어 따로 등기부가 있다. 건물이 한 개냐 두 개냐 하는 것은 일반관념에 따라 결정되는 데 요즈음 아파트 등 집합건물이 많이 생겨서 외관상 1개의 건물이지만 각 세대마다 구분하여 독립된 소유권을 인정하고 있다.

5-4. 부동산에 관한 권리는 등기하지 아니하면 효력 불발생

부동산에 관한 대표적 권리에는 소유권, 지상권, 전세권, 저당권 등이 있는데 매매·저당권설정계약 등 법률행위로 인한 권리의 득실변경의 경우에 등기를 하지 아니하면 권리변동의 효력이 생기지 않는다.

5-5. 등기부의 구조와 등기부를 보는 방법

구 등기부는 한자를 사용하고 세로쓰기를 하여 읽기가 불편했으나 새로이 편성된 등기부는 한글과 가로쓰기를 사용하므로 읽기가 매우 쉬워졌다. 신 등기부에는 그 작성당시 효력이 없는 과거의 권리관계는 기재하지 아니하고 있으므로 오래된 권리관계까지 알아보려면 폐쇄된 등기부를 열람 또는 폐쇄등기부 등본을 교부 받아야 한다. 토지등기부와 건물등기부는 따로 있으므로 집을 사려면 양쪽을 다 보아야 한다.

등기부는 등기번호란, 표제부(아파트 등 집합건물의 경우에는 동 건물의 표제부와 전유부분의 표제부의 2개로 구성되어 있음), 갑구, 을구의 4부분으로 되어 있다. 등기번호란에는 토지나 건물대지의 지번이 기재되어 있다. 표제부에는 토지와 건물의 내용 즉 소재지(예 : 서울특별시 중구 서소문 1), 면적(예 : 100m2), 용도(예 : 대지, 임야, 주택, 창고), 구조(예 : 2층, 목조건물)등이 순서대로 적혀 있다. 다만, 집합건물의 경우에는 대지권이 있는지 살펴보아야 하고 별도등기 표시가 있는 경우에는 토지등기부도 확인해야 한다.

갑구는 소유권에 관한 사항이 접수된 일자 순으로 적혀있다. 맨처음 기재된 것이 소유권보존등기(최초의 소유자)이고 소유권이전등기가 계속되어 기재된다. 각 등기사항 중 변경되는 것이 있으면(예컨대 소유자의 주소변경) 변경등기(부기등기)를 한다. 만약에 소유권이전등기가 무효라고 하여 제3자가 소송을 걸어오면 법원에서 등기부에 예고등기를 해 두는 것이 보통이다. 소송결과 무효가 확정되어 소유권이전등기의 말소등기를 하면 이전등기를 하기 전의 상태로 돌

아간다. 그 외에 가압류등기, 가처분등기, 강제경매 등이 있으며 이러한 등기 후에 소유권이전등기를 하면 경매되거나 가처분권자의 권리행사에 따라 소유권을 잃을 수 있다. 가등기는 순위보전의 효력이 있으므로 나중에 본등기를 하게 되면 가등기보다 늦게 된 등기는 원칙적으로 무효가 되므로 주의하여야 한다.

을구는 소유권 이외의 권리, 즉 저당권, 지상권 같은 제한물권에 관한 사항을 기재한다. 특히 주의할 점은 근저당권 설정등기인데 채권최고액이란 것이 있어서 등기부에 기재된 최고액을 한도로 부동산의 가격에서 담보책임을 지게 되므로 실제 채무액이 얼마인가를 따로 파악하여야 한다. 등기부를 볼 때에 가장 중요한 점은 갑구와 을구에 기재된 가등기, 소유권이전등기, 저당권설정등기 등의 등기의 전후와 접수일자(접수번호)를 잘 살펴보아야 한다는 것이다. 등기된 권리의 우선순위는 같은 갑구나 을구에서는 등기의 전후(순위번호)에 의하여, 갑구와 을구 간에서는 접수번호에 의하여 결정되기 때문이다.

5-6. 등기를 하는 절차

등기는 원칙적으로 등기권리자와 등기의무자가 반드시 서면으로 부동산의 소재지를 관할하는 법원 등기과(계)나 등기소에 직접 출석하여 신청하여야 한다. 보통은 법무사가 양쪽의 위임을 받아서 처리한다. 판결에 의한 등기는 승소한 등기권리자 또는 등기의무자 단독으로, 상속등기는 등기권리자 단독으로 신청할 수 있다. 참고로 등기관은 등기신청이 있으면 순서대로 이를 접수하여 순서대로 등기부에 기재하여야 하고, 일단 접수된 신청서류 등에 형식적인 결함이 있으면 신청을 각하할 수 있으나 실질적심사권(예컨대, 매매계약이 무효인지 여부 등)은 없다.

소유권보존등기를 신청할 때에는 주민등록표 등본 1통, 신청서 부본 3통, 등록세 납부영수필 통지서, 영수필 확인서 각 1통씩과 미등기토지의 토지대장등본 또는 미등기건물의 건축물관리대장 등본과 동일한 대지상에 수개의 건물이 있거나 구분건물인 경우에는 건물도면 1통씩이 필요하다.

소유권이전등기 신청시에는 등기필증(구권리증), 등기의무자(매도인 등)의 인감증명서(발급일로부터 6개월 이내의 것에 한함), 등기원인을 증명하는 서면(예 : 매매계약서, 증여계약서등), 등록세납부 영수확인서 1통씩과 신청서 부본 2통, 등기의무자(매도인 등), 등기권리자(매수인 등)의 각 주민등록표등본, 토지대장(건물인 경우에는 건축물관리대장)등본, 부동산양도신고확인서(양도세·소득세부과 대상인 경우) 등이 필요하며, 계약(예 : 매매, 증여, 교환 등)을 원인으로 하여 소유권이전등기를 신청할 때에는 계약서에 부동산의 소재지를 관할하는 시장(구가 설치되어 있는 시에 있어서는 구청장)·군수의 검인을 받아 제출하여야 하며, 상속등기의 경우에는 가족관계등록부를 제출하여야 하고, 또한 부동산의 과세시가 표준액이 500만 원 이상인 때에는 소정의 주택채권을 매입하여야 한다. 등기원인에 대하여 제3자의 허가·동의 또는 승낙을 받을 것이 요구되는 때에는 이를 증명하는 서면(예 : 토지등 거래계약허가증·농지취득자격증명)을 첨부하여야 한다(단, 종전에 제출하던 매도(교환)증서는 제출할 필요없음).

유의사항으로 등기필증을 분실했을 때에는 종전에는 보증서를 첨부하였으나 지금은 등기의무자가 직접 등기소에 출석하거나 변호사 또는 법무사가 본인임을 확인하거나 등기신청서 또는 위임장에 공증인의 공증을 받아야 한다. 등기부상 소유자의 주소가 틀리거나 변경된 때 이를 변경등기를 하려면 틀린 사실 또는 변경된 사실을 증명하는 시·구·읍·면장의 서면(예 : 주민등록 등초본)과 신청서 부본 2통이 필요하다. 등기부상 소유자의 성명이 잘못 기재되어 이를 정정하려면 등기부의 기재가 잘못되었음을 증명하는 시·구·읍·면장의 서면(예 : 가족관계등록부, 주민등록표등본 등)이나 이를 증명할 수 있는 서면(예 : 동일인 보증서)과 신청서 부본 2통이 필요하다.

지상권, 지역권, 전세권, 저당권, 임차권 등의 설정등기를 신청하려면 소유권이전등기시에 필요한 서류 중 검인계약서 등 대신에 원인관계를 증명하는 서류 즉, 지상권설정계약서, 저당권설정계약서 등이 필요하나, 신청서부본과 등기의무자 즉 설정자의 주민등록표등본은 불필요하다. 등기는 법무사나 변호사의 도움을 받아서 하는 것이 편리하다. 이때는 따로 각 위임장이 필요함은 물론이다.

부동산등기 특별조치법

6-1. 부동산등기특별조치법의 제정

　부동산등기제도는 등기라고 일컬어지는 특수한 방법으로 부동산에 관한 물권을 공시하는 제도이다. 따라서 등기는 그것에 의하여 부동산 위에 현재 어떠한 권리관계가 있는지를 알리기 위한 것이므로 등기된 권리관계와 실제의 권리관계를 일치시킬 필요가 있다. 특히, 등기제도의 근본목적이 부동산에 관한 권리관계의 공시에 있으므로 등기는 언제나 진실 된 권리관계를 그대로 공시하여야만 한다. 그런데, 근년 들어 우리사회에는 등기가 원칙적으로 당사자의 신청에 의하여 이루어지도록 되어 있는 점을 악용하여 등기신청을 아예 하지 않거나, 부실하게 하거나, 허위로 하는 방법 등을 통하여 부동산 투기행위를 자행하고 있는 경우가 만연하고 있어 심각한 사회문제를 야기하게 되었다. 이에, 정부에서는 등기된 권리관계와 실제의 권리관계를 일치시킴으로써 등기제도 본래의 목적을 살리는 것을 법 제정의 기본방향으로 정하여 부동산거래시에는 반드시 등기신청을 하도록 하고 등기신청을 둘러싼 각종 탈법행위 등을 규제하는 것을 내용으로 하는 부동산등기특별조치법을 제정, 1990년 9월 1일부터 시행하게 되었다.

6-2. 부동산등기특별조치법의 주요내용

가. 소유권이전등기 신청의무

부동산 이전 거래 시에는 반드시 등기를 신청하여야 한다(법 제2조 제1항). 또한 부동산의 소유권 이전을 내용으로 하는 계약을 체결한 자는 그 계약의 종류에 관계없이 반드시 등기신청을 할 수 있는 때로부터 60일 이내에 소유권이전등기를 신청하여야 한다. 따라서 매매와 같은 쌍무계약의 경우에는 상대방으로부터 이전등기 관계 서류를 넘겨받은 때와 같이 반대급부의 이행이 완료된 날, 증여와 같은 편무계약의 경우에는 그 계약의 효력이 발생한 날로부터 각 60일 이내에 소유권이전등기를 신청하여야 한다. 그리고 소유권보존등기 신청의무가 부과될 경우도 있다(법 제2조 제5항). 소유권 보존등기가 되어 있지 아니한 부동산에 대하여 소유권 이전을 내용으로 하는 계약을 체결한 자는 다음에 정한 날부터 60일 이내에 소유권보존등기부터 먼저 신청하여야 한다. 부동산등기법에 의하여(법률 제130조, 제131조) 소유권보존등기를 신청할 수 있었음에도 이를 하지 아니한 채 소유권이전계약을 체결한 경우에는 그 계약을 체결한 날에 소유권이전계약을 체결한 후에, 부동산등기법에 의한 소유권보존등기를 신청할 수 있게 된 경우에는 소유권보존등기를 신청할 수 있게 된 그 날이 기준이다. 다음으로 등기신청의무를 해태하면 과태료가 부과된다(법 제11조). 위와 같은 등기신청의무를 상당한 사유 없이 이행하지 아니하면 해태한 날 당시의 그 부동산에 대한 등록세액의 5배 이하의 과태료를 부과하게 된다. 과태료는 원칙적으로 등기를 함으로써 이익을 얻게 되는 등기권리자에게 부과하되 등기를 제때에 신청하지 못한 원인이 등기의무자의 책임 있는 사유에 의한 때에는 등기의무자에게 과태료가 부과되어진다.

나. 부실한 등기신청행위 등에 대한 형사처벌

등기원인 등을 허위로 기재하여서는 아니 된다(법률 제8조 제2호, 제6조). 부동산의 소유권을 넘겨주고, 넘겨받는 것을 목적으로 하는 계약을 체결한 사람이 그 원인을 허위로 기재하거나 소유권이전등기 외 다른 등기를 신청하여서는 아니 되며, 이를 위반하면 3년 이하의 징역 또는 1억 원 이하의 벌금형에 처하도록 하고 있다. 따라서 토지를 매매한 자가 증여를 받은 것으로 하여 등기를 신청하거나 저당권 설정등기를 신청하면 위와 같은 처벌을 받게 된다. 투기목적 등을 가지고 미등기 전매를 하면 형사처벌을 받게 된다(법 제8조 제1호, 제2조 제2항·제3항). 부동산의 소유권을 넘겨받을 것을 목적으로 하는 계약을 체결한 사람이 조세부과를 면하려 하거나, 다른 시점간의 가격변동에 따른 이득을 얻으려 하거나, 소유권 등 권리변동을 규제하는 법령의 제한을 회피할 목적을 가지고 다음과 같은 기간 내에 전매계약을 체결하면 3년 이하의 징역이나 1억 원 이하의 벌금형을 받게 된다(1. 전매계약을 체결하기 전에 이미 원계약에 따른 등기신청을 할 수 있었던 경우, 2. 원계약에 따른 소유권이전 등기를 신청하지 아니하고 전매한 때 전매계약을 체결한 후 원계약에 따른 등기신청을 할 수 있게 된 경우, 3. 전매계약 체결 후 원계약에 따른 등기신청을 할 수 있게 된 날로부터 60일 이내에 소유권이전등기를 신청하지 아니한 때 미검인 전매행위도 처벌된다(법 제9조 제1호, 제4조)).

다음으로 상대방과 계약을 맺어 그로부터 부동산에 대한 소유권을 넘겨받게 되어 있는 사람은 그 계약서에 검인을 받지 아니한 상태에서 다시 제3자와 그 부동산의 소유권을 넘겨주는 것을 내용으로 하는 계약이나 당사자의 지위를 이전하는 계약을 체결할 때에는 1년 이하의 징역 또는 3천만 원 이하의 벌금형에 처한다.

다. 탈법행위 방지를 위한 제도보완

부동산은 계약서에 검인을 받아야만 소유권이전등기를 신청할 수 있다. 계약을 원인으로 소유권이전등기를 신청할 때에는 반드시 검인을 받은 계약서를 제출하여야 하며, 확정판결 등에 의하여 소유권이전등기를 하려고 하는 경우에도 그 판결서등에 검인을 받아 제출하여야 한다. 허가서 등도 반드시 제출하여야 한다(법 제5조) 부동산을 취득하기 위하여 행정관청으로부터 허가를 받아야 하거나 신고를 하여야 하는 경우에는 등기신청 시에 반드시 그 허가(신고)를 증명하는 서면을 함께 제출하여야 등기가 가능하며, 확정판결이나 그와 같은 효력이 있는 조서 등에 의하여 등기를 하려고 하는 경우에도 마찬가지이다.

부동산실명제도

7-1. 부동산실명제도란

부동산실명제도란 부동산에 관한 물권(소유권, 전세권, 지상권 등)은 반드시 실제 권리자의 이름으로만 등기하도록 하는 제도이다. 부동산실권리자명의등기에 관한 법률(부동산실명법)에서 규제하고 있는 대상은 "명의신탁"과 "장기 미등기"이다. "명의신탁"은 실질적으로는 자신이 보유하고 있는 부동산을 다른 사람의 이름을 빌어 등기하는 것을 말한다. "장기 미등기"는 매매나 증여에 의하여 부동산을 취득하고도 등기를 이전하지 않은 채로 원소유자 앞으로 장기간(3년 이상) 방치하여 두는 것을 말한다.

7-2. 부동산실명제도의 도입배경

명의신탁은 부동산을 남의 이름을 빌어 등기함으로써 부동산투기, 세금탈루 또는 재산을 감추는 수단으로 이용되어 각종 부정과 부조리의 원인이 되어 왔다. 부동산실명제는 부동산에 관한 권리는 반드시 자신의 이름으로 등기하도록 함으로써, 명의신탁을 이용한 부동산투기를 없애서 부동산 거래질서를 바로잡는 한편 각종 부정·부조리를 제거하고 부동산가격안정에도 기여하도록 하기 위해 도입된 제도이다.

7-3. 실권리자명의 등기의무

가. 주요내용

부동산실명법 시행일인 1995년 7월 1일 이후에는 모든 부동산에 관한 물권은 명의신탁을 이용하여 다른 사람의 이름으로 등기할 수 없고 반드시 실권리자의 명의로만 등기하도록 의무화되었다. 다만, 다음의 경우는 명의신탁에 해당되지 않는다. 채무의 변제를 담보하기 위하여 채무자의 부동산에 가등기를 설정하거나, 부동산에 관한 물권을 채권자가 이전받는 양도담보의 경우, 부동산의 위치와 면적을 특정하여 2인 이상이 구분소유하기로 하는 약정을 하고 그 구분소유자의 공유로 등기하는 경우, 신탁법과 신탁업법에 의해 신탁재산인 사실을 등기하는 경우 등이다. 또한, 종중 부동산의 명의신탁 또는 부부간의 명의신탁에 의해 등기를 한 경우에는 조세를 포탈하거나 강제집행 또는 법령상 제한을 회피하기 위한 목적이 아닌 한 예외가 인정된다.

나. 실명등기의무 위반 시의 벌칙

다른 사람의 이름을 빌어 등기한 실권리자인 명의신탁자에 대하여는 과징금(부동산가액의 30%)이 부과된다. 과징금 부과 후에도 실명으로 등기하지 않은 경우는 과징금 부과 후 1년 경과 시 10%, 2년 경과 시 다시 20%의 이행강제금이 각각 부과된다. 명의신탁자에게는 5년 이하의 징역 또는 2억 원 이하의 벌금이 부과되고, 이름을 빌려준 명의수탁자에게는 3년 이하의 징역 또는 1억 원 이하의 벌금이 부과된다. 명의신탁행위를 교사하거나 방조한 자에 대하여도 형사처벌이 부과된다. 형사처벌은 1995년 7월 1일 이후 명의신탁을 한 경우만 적용되고, 1995년 6월 30일 이전 명의신탁한 부동산인 경우에는 유예기간동안 실명전환하지 않더라도 형사처벌은 하지 않았으나, 소정의 과징금이 부과되도록 처리한 바 있다.

7-4. 명의신탁약정의 효력

가. 주요내용

명의신탁을 하는 경우 명의신탁자와 명의수탁자간의 명의신탁을 하기로 한 약정은 무효가 되고, 명의신탁약정에 의해 이루어진 등기도 무효가 된다. 다만, 부동산을 매도한 사람이 명의수탁자를 진정한 매수인으로 알고 계약을 체결한 경우(계약명의신탁)는 등기가 유효한 것으로 인정된다. 또한, 명의수탁자가 부동산을 제3자에게 양도하였다면 제3자가 명의신탁이 있었던 사실을 알았든 몰랐든

관계없이 명의신탁자는 자신의 권리를 주장할 수 없게 된다. 즉, 종전에 판례로 인정되어 오던 명의신탁은 부동산실명법 시행 후에는 무효화되기 때문에, 명의신탁자의 재산권은 보호받기 어렵게 된다.

나. 명의신탁 종류별 효력

● 등기명의신탁(3자간)

부동산을 매도하는 사람이 명의신탁자가 원소유자임을 알고 있지만 등기는 명의수탁자 앞으로 이전해 준 경우이다. 이때는 명의신탁약정과 등기가 모두 무효가 되므로, 명의신탁자는 명의수탁자에게 자신의 권리를 주장할 수 없다. 부동산은 원소유자(매도자)에게 귀속되며, 명의신탁자는 형사처벌과 과징금을 부과 받고 매도자에게 소유권이전등기를 청구할 수 있다. 명의신탁자가 부동산을 되찾을 수 있을지 여부는 최종적으로 법원의 판결에 의하여 결정된다.

● 등기명의신탁(2자간)

명의신탁자가 소유하던 부동산을 매매 또는 증여를 가장하여 명의수탁자 이름으로 등기한 경우다. 이때도 명의신탁약정과 등기가 모두 무효가 되므로, 명의신탁자는 형사처벌과 과징금을 부과 받고 명의수탁자에 대하여 소유권이전등기 말소를 청구할 수 있다. 명의신탁자가 부동산을 되찾을 수 있을지 여부는 최종적으로 법원의 판결에 의하여 결정된다.

● **계약명의신탁(3자간)**

　부동산을 매도한 사람이 명의수탁자를 진정한 매수인으로 알고
계약을 체결하여 등기를 이전해 주었으나 실권리자는 다른 사람인
경우다. 이때는 명의신탁약정은 무효가 되어 명의신탁자가 명의수
탁자에게 자신의 권리를 주장할 수 없게 된다. 등기는 유효한 것으
로 인정되기 때문에 부동산은 명의수탁자에게 귀속된다.

7-5. 기존 명의신탁의 실명화

<u>가. 주요내용</u>

　1995년 6월 30일 이전 부동산을 다른 사람의 이름을 빌어 등기
해 놓은 명의신탁의 경우는 유예기간(1995. 7. 1~1996. 6. 30)내에 실권
리자 명의로 실명전환 하도록 한 바 있다. 또한, 명의신탁자가 부동
산 명의를 명의수탁자 앞으로 둔 상태로 유예기간 내에 다른 사람
에게 매각하여 직접 등기를 이전하기도 하였다. 당시 일부 인원들
은 매각하기 어려운 경우 시장·군수 등에게 매각을 위탁하기도 하
였다. 그래도 유예기간 내에 실명전환 또는 매각처분 등을 하지 않
았던 경우는 과징금(부동산 가액의 30%)이 부과되었고, 명의신탁약정
의 효력이 무효화 되었던 바 있다.

나. 유예기간 이후 적발된 실명미전환 부동산 처리

부동산가액의 30%에 해당하는 과징금을 부과하고 과징금 부과 후에도 실명등기를 하지 않는 경우 1년 경과 시 10%, 2년 경과 시 20%에 해당하는 이행강제금을 부과하였고 현재도 마찬가지다.

● 등기명의신탁의 경우

명의신탁약정과 그로 인한 등기가 무효로 되므로 명의신탁자는 소유권에 대한 「방해배제청구권」을 행사하여 명의수탁자의 등기를 말소하고, 진정명의회복을 원인으로 하는 소유권이전 등기를 청구할 수 있다.

● 계약명의신탁의 경우

명의신탁약정은 무효가 되나 그로 인한 등기는 유효하므로 명의신탁자는 당해 부동산의 반환을 청구할 수 없으며, 부당이득반환청구권 등을 주장할 수 있을 뿐이다.

● 예외 및 특례

종교단체와 향교 등의 경우, 종단과 개별종교단체간의 명의신탁 부동산과 종교단체, 향교 등이 제3자의 이름으로 명의신탁 한 고유목적을 위해 사용하는 농지는 실명전환하지 않았고 현재도 마찬가지다.

7-6. 장기(長期)미등기자에 대한 벌칙

현재 부동산을 취득하고 매도인으로부터 등기를 이전하지 않는 경우 60일이 지나면 등록세액의 5배까지 과태료가 부과되도록 부동산등기특별조치법에 규정되어 있다. 부동산실명법은 이에 추가하여 취득일로부터 3년 내에 등기를 이전해오지 않을 경우(장기 미등기)는 명의신탁의 경우와 같이 과징금·이행강제금·형사처벌을 부과하도록 하고 있다.

7-7. 종전에 누락된 세금의 처리

명의신탁한 부동산을 실명으로 전환하는 과정에서 누락된 세금이 밝혀지는 경우 원칙적으로 모두 추징한다. 다만, 명의신탁한 부동산이 1건이고 그 가액이 5천만 원 이하인 경우에는 종전에 1세대 1주택 취급을 받아 비과세 받은 양도소득세와 조세회피의 목적으로 명의신탁을 하는 경우 증여로 간주되어 부과되는 증여세를 추징하지 않는 특례가 인정된 바 있다. 또한, 법인의 경우 실명전환한 부동산이 비업무용 부동산이나 유예기간 내에 업무용으로 사용했던 경우 취득세 7.5배 중과규정의 적용을 배제하기도 하였다.

8-1. 주택임대차보호법의 제정

　무주택자가 집주인으로부터 집을 세 얻어 사는 경우 그에 대한 법률관계는 민법상의 전세권이나 임대차 규정에 의하여 규율됨이 원칙이다. 한편 민법상의 전세권이나 임대차에 관한 규정은 개인주의적 법률사항을 기초로 하여 당사자(세 든 사람과 세 준 사람)사이의 자유의사에 의한 계약을 중시하고 당사자 사이의 법률관계를 형식적으로 평등하게 규율하고 있다. 그러나 현실은 경제적 강자인 집주인의 횡포와 자의에 의하여 경제적 약자인 임차인이 부당한 요구를 강제당하고 피해를 입는 경우가 빈번하게 발생하여 심각한 사회적 문제를 야기하게 되었다. 이에 따라 주택의 이용관계를 규율하는 민사법규를 계약자유의 원칙이 적용되는 시민법의 차원에서 임차인의 주거생활과 경제적 지위를 보장하여야 한다는 사회법적 차원으로 전환할 필요성이 절실하게 되었고 결국 무주택임차인의 권리와 지위를 보호하는 내용의 주택임대차보호법이 1981년 3월 5일 제정되게 되었다.

8-2. 주택임대차보호법의 적용범위

주거용건물 즉 주택의 임대차에 한하여 적용된다(법률 제2조 전단).
주거용 건물 즉 주택은 그것이 사회통념상 건물로 인정하기에 충분한 요건을 구비하고 주거용으로 사용되고 있는 것이면 시청이나 구청 등에 구비되어 있는 가옥대장이나 건물대장의 용도란에 "주거용"으로 기재되어 있지 않더라도 본 법의 적용을 받게 된다. 따라서 공부상 공장용 건물이나 창고용 건물이라도 건물의 내부구조를 주거용으로 사실상 변경한 경우에는 주택이라고 보아야 할 것이다. 또한 관할관청으로부터 허가를 받지 아니하고 건축한 무허가건물이나 건축허가를 받았으나 준공검사를 필하지 못한 건물도 역시 본 법의 적용을 받는 것이므로 무허가나 준공검사 미비상태의 주택에 관하여 임대차계약을 체결하여도 이법의 보호를 받게 된다. 주택을 건축한 사람은 공사완공 후 준공검사를 받았으나 소유권보존등기를 하지 않았더라도 그 주택의 소유권을 취득하는 것이므로(민법 제187조) 미등기주택도 이 법의 적용을 받으며 주택의 신축자는 그 주택을 임대할 수 있는 정당한 권리를 가지고 있으므로 미등기주택이라는 것 때문에 임대차계약 체결을 주저할 필요는 없다.

또한 임차주택의 일부가 주거외의 목적으로 사용되는 경우에도 적용된다(법 제2조 후단). 임차목적물이 주거용 건물과 함께 사용되는 것인 이상 임차주택의 일부가 비주거용인 경우까지 이 법의 보호대상이 되는 바, 주택에 딸린 가게에서 소규모영업 및 공장을 하는 자도 이 법의 보호대상이 된다.

그리고 미등기전세에도 적용된다(법 제12조). 미등기전세는 우리나라에서 상당히 오래전부터 부동산임대차 특히 건물임대차의 한 형태로 관습상 발전하여 온 제도로서, 예컨대 건물의 소유자인 갑이 그 건물을 세 얻어 살고자 하는 을로부터 "전세금"을 받고 일정한 기간 그 건물을 을로 하여금 사용·수익하게 한 후 그 기간이 만료된 때에 그 건물을 인도받음과 동시에 전세금을 반환하는 것을 내용으로 하는 갑·을 간의 계약이라고 할 수 있다.

8-3. 주택임대차보호법의 보호내용

가. 주택임차권의 대항력

주택임대차는 그 등기가 없는 경우에도 주택의 인도(입주)와 주민등록(전입신고)을 마친 때에는 그 다음날부터 제3자에 대하여 효력이 생긴다. 제3자에 대하여 효력이 생긴다 함은 임대인 이외의 자에 대하여도 세 든 사람은 그 주택의 임대차관계를 주장할 수 있다는 의미이며 이것은 결국 임대차기간 중 임대주택의 소유자가 변경되는 경우에도 임대인의 지위가 신소유자에게 포괄적으로 승계됨으로써 임차인은 계약 기간 동안(보증금을 준 경우에는 그 보증금을 반환받을 때까지) 그 집에서 쫓겨나지 않고 생활할 수 있다는 것이다. 그러나 주의할 일은 임차인이 입주와 전입신고를 하기 전에 그 집에 이미 저당권등기나 가압류, 압류등기, 가등기 등이 행하여졌고 그 결과로 경매나 가등기에 의한 본등기에 의하여 소유권자가 변경된 경우에는 임차권은 소멸되어 임차인은 신소유권자에 대하여 대항할 수 없다. 따라서 타인의 주택을 임대차하고자 할 때에는 최소한 등기부를 열람하여 저당권설정이나 가등기 여부 등을 확인할 필요가 있다.

나. 임차주택양수인의 임대인지위 승계

"임차주택의 양수인"이라 함은 매매, 교환 등 법률행위에 의하여 임차주택의 소유권을 취득한 자는 물론 상속, 공용징수, 판결, 경매 등 법률의 규정에 의하여 임차주택의 소유권을 취득한 자를 말한다. 그러나 여기서 주의하여야 할 점은 임차주택의 양수인이라고 하여 모두 임대인의 지위를 계승하는 것은 아니라는 점이다. 즉, 앞에서도 설명한 바와 같이 임차권보다 선순위인 저당권 또는 가등기 등에 기하여(경매 또는 본등기의 이행방법으로)소유권을 취득한 사람은 그 임차주택의 양수인인 것만은 틀림없으나 임차인은 그들에 대하여 임차권을 주장할 수 없으므로 이들은 "임차주택의 양수인"에 포함시켜서는 아니 된다. 임차주택의 양수인이 임대인의 지위를 승계한다는 것은 종전 임대차계약서에서 정하여진 권리와 의무를 모두 이어받는 것으로 임차주택의 소유권변동 후에 발생할 차임청구권이 양수인에게 이전하는 것은 당연하지만 그전에 이미 발생하였으나 아직 지급되지 아니한 차임청구권은 종전 임대인에게 이미 구체적으로 발생하였던 채권이므로 양수인에게 당연히 계승되는 것은 아니라고 보아야 할 것이다. 또한 보증금 또는 전세금 반환채무는 임차주택의 반환채무와 동시이행관계에 있으므로 당연히 새로운 양수인이 부담하여야 한다.

다. 임차인의 순위에 의한 우선변제권

구 법률에서는 임차인의 입주 시보다 후에 설정된 담보물권 등이 임차인보다 우선변제를 받는 일이 있어 임차인의 보호에 미흡하였었는데, 1989년 12월 30일 개정된 주택임대차보호법에서는 임차인에게 대항력을 인정하는데 그치지 않고 일정한 요건을 갖춘 임차인에게 순위에 의한 우선변제권을 인정하였다. 즉, 주택의 임차인은 주택의 인도(입주)와 주민등록(전입신고)을 마치고 임대차계약증서상의 확정일자를 갖추었을 때, 경매 또는 공매 시 임차주택의 환가대금에서 후순위권리자 기타 채권자보다 우선하여 보증금을 변제받을 권리가 있다. 후순위권리자 기타 채권자보다 우선하여 보증금을 변제받을 권리가 있을 뿐이므로 임차인이 인도, 주민등록 및 계약서상의 확정일자를 갖추기 전에 설정된 담보물권보다는 우선하지 못한다. 임대차계약증서상의 확정일자란 공증인 또는 법원서기가 그 날짜 현재에 임대차계약서가 존재하고 있다는 것을 증명하기 위하여 확정일자부의 번호를 써넣거나 일자인을 찍는 것을 말하며, 확정일자인을 받기 위해서는 임대인의 동의가 필요 없다. 임대차계약서의 확정일자는 법원 또는 공증인에게 일정액의 수수료를 납부하면 법원서기, 공증인으로 부터 즉시 받을 수 있으며, 이때 다른 권리자와의 우선순위를 결정하는 것은 임대차계약체결일이 아니라 확정일자를 받는 날이므로 임차인은 임대차계약체결 후 가능한 빠른 시일 내에 확정일자를 받는 것이 자신의 권리보호를 위해 필요하다.

순위에 의한 우선변제권이 인정되는 보증금은 그 금액의 범위에 제한이 없으므로 다액의 보증금의 경우에도 그 적용이 있다. 다만, 임차인이 당해 주택의 양수인에게 대항할 수 있는 경우에는 임대차가 종료된 후가 아니면 보증금의 우선변제를 청구하지 못하며 우선변제가 인정되더라도 임차인은 임차주택을 양수인에게 인도하지 아니하면 보증금을 수령할 수 없다. 임차인이 임차보증금반환채권의 확정판결 기타 이에 준하는 채무명의에 기하여 경매신청을 하는 경우에는 반대의무의 이행 또는 이행의 제공을 집행개시의 요건으로 보지 아니하므로 임차인이 주택을 비우지 아니하고도 경매를 신청할 수 있다(법 제3조의2 제1항).

라. 임차권등기명령제도

임대차가 종료되었음에도 임차인이 임대인으로부터 임차보증금을 반환받지 못하는 경우가 많고, 근무지 변경 등으로 이사할 필요가 있는 경우에도 보증금을 반환받지 못할 것을 우려한 나머지 이사를 하지 못하는 등의 문제점이 나타남에 따라 1999년 1월 21일 개정으로 임차권등기명령제도를 신설하였다. 즉, 임대차가 종료 된 후 보증금을 반환받지 못한 임차인이 법원에 임차권등기명령을 신청하여 임차권등기가 경료되면 등기와 동시에 대항력 또는 우선변제권을 취득하고, 만일 임차인이 이미 대항력과 우선변제권을 취득한 자인 경우에는 종전의 대항력과 우선변제권을 유지하며, 임차권등기 이 후에는 주택의 점유와 주민등록의 요건을 갖추지 않더라도 임차인이 종전에 가지고 있던 대항력과 우선변제권이 유지되므로 임차인이 자유롭게 주거를 이전할 수 있다(법 제3조의3). 또한, 민법 제621조의 규정에 의한 임차권등기에도 이 법에 규정된 임차권등기명령에 의한 임차권등기와 동일한 효력을 가지므로 우선변제권을 행사할 수 있다(법 제3조의4 제1항).

마. 주택임대차계약기간의 2년 보장

주택임대차의 기간은 당사자 간에 자유로이 정할 수 있으나 기간의 정함이 없거나 기간을 2년 미만으로 정한 임대차는 그 기간을 2년으로 본다. 다만, 임대차기간을 2년 이하로 약정한 경우 임대인은 2년 이하의 약정기간을 주장할 수 없으나 임차인은 이를 주장할 수 있다(법 제4조 제1항). 임대인이 임대차기간 만료 전 6월부터 1월까지에 임차인에 대하여 갱신거절의 통지 또는 조건을 변경하지 아니하거나 갱신하지 아니한다는 뜻의 통지를 하지 아니한 경우에는 그 기간이 만료된 때에 전 임대차와 동일한 조건으로 다시 임대차한 것으로 본다(법 제6조 제1항). 다만, 임대차 기간을 2년으로 정하여 임차인을 보호하려는 것은 임차인 자신의 의무를 다하지 않았을 때에도 무조건 보호해 준다는 취지는 아니므로 임차인이 2기의 차임을 연체하거나 기타 의무를 현저히 위반한 때에는 보호받지 못한다.

바. 임대인의 차임증액청구권 제한

민법상 임대차계약의 당사자는 임대물에 대한 공과부담의 증감 기타 경제사정의 변동으로 인하여 약정한 차임이 상당하지 아니할 때에는 증액이나 감액을 상대방에게 청구할 수 있다. 그러나 주택임대차보호법은 위와 같은 차임증감청구권을 인정하되 임대인의 증액청구권만을 일방적으로 제한하여 임차인을 보호하고 있다. 즉 차임의 증액청구는 임대차계약 또는 약정한 차임의 증액이 있은 후 1년 이내에는 하지 못하도록 하였고 설사 1년 후 올리는 경우에도 기존차임의 5%를 초과할 수 없도록 하고 있다.

사. 일정한 범위의 보증금 최우선변제권

일정한 범위의 임차인은 일정한 범위의 보증금에 관하여는 다른 담보물권자보다도 우선하여 변제받을 수 있다. 그 범위는 서울특별시 및 광역시별로 일정 범위의 보증금으로 입주하고 있는 임차인에 한하여 주택가액의 2분의 1범위에서 일정금액에 한하여 우선변제권이 인정된다. 다른 담보물권자보다 우선변제를 받을 수 있다는 것은 당해 임차주택소유자에 대한 일반채권자는 물론 그 주택위에 선순위저당권 등 담보물권을 가지고 있는 자(임차인보다 선순위로 등기되어 있어도 물론이다)보다도 우선하여 당해주택(대지포함)가액의 2분의 1 범위 내에서 보증금의 반환을 받을 수 있다는 것이다. 우선변제권이 인정되더라도 보증금 전액에 대한 우선변제권이 인정되는 것이 아니므로 보증금 전액의 우선변제권을 보장받기 위해서는 임대차 계약서에 확정일자인을 받아두어야 한다. 즉 일정한 범위의 임차인은 일정한 범위의 보증금에 대하여 최우선변제권을 갖게 되지만 그 전액에 대하여 최우선변제권이 인정되는 것이 아니므로 그 전액에 대한 우선변제권을 인정받기 위해서는 임대차계약서에 확정일자인을 받아 두어야만 한다. 단, 확정일자보다 먼저 설정된 권리에 대하여는 대항할 수 없다는 점에 유의하여야 한다.

아. 임차권의 승계

임차인과 사실상의 혼인관계에 있는 자는 민법상 재산상속권이 없으므로 임차인이 상속권자 없이 사망한 경우에는 민법 제1058조의 규정에 따라 당해 주택임차권 및 보증금 등 반환청구권은 국가에 귀속되고 상속권자가 있는 경우에는 그 상속권자가 주택임차권 및 보증금 등 반환청구권을 상속하게 된다. 따라서 사실상의 혼인관계에 있는 자는 임차인의 사망으로 인하여 그 임차주택에서 쫓겨나는 신세가 되고 만다. 이러한 불합리를 제거하고 임차인과 사실상의 혼인관계에 있는 자의 주거생활의 안정을 보장하기 위하여 임차인이 상속권자 없이 사망한 경우에는 임차권은 그 주택에서 임차인과 함께 살고 있던 사실상의 혼인관계에 있는 자에게 승계되도록 하고, 한편으로 상속권자가 있는 경우에도 그 상속권자가 임차인과 함께 살고 있지 않을 때에는 임차권은 사실상의 혼인관계에 있는 자와 비동거자인 상속권자중 2촌 이내의 친족이 공동으로 승계토록 하고 있다(법 제9조). "사실상의 혼인관계에 있는 자"라 함은 혼인예식 등 실체상의 혼인절차는 밟았으나 민법 및 가족관계등록부법에서 정하는 혼인신고 절차만을 밟지 아니한 부부관계에 있는 자를 의미한다.

생활법률

임대차
분쟁편

임대차계약기간이 만료되면 임대인은 보증금을 반환하고 임차인은 주택을 돌려주어야 하는데 이는 동시이행의 관계에 있다. 계약기간이 만료되어 임차인이 임대인에게 주택을 인도하여도 임대인이 새로운 입주자가 들어오기 전에는 보증금을 반환해주지 않고 있는 것이 현재 일반적인 관례인데, 이는 임대인의 개인적인 사정일 뿐 법적으로 정당한 것은 아니다. 그러므로 임차인은 계약기간이 만료된 후 임대인에 대하여 보증금을 반환해 달라고 요구할 수 있으며, 이러한 요구에 대하여 임대인이 임의로 반환해주지 않으면 임차인은 법원에 조정신청이나 소송을 제기하여 조정조서나 판결을 받아 강제집행 절차를 통하여 보증금을 돌려받을 수밖에 없다. 분쟁을 해결하는 제도에는 크게 조정절차와 소송절차가 있다. 조정절차는 조정담당판사 또는 조정위원회가 분쟁당사자로부터 주장을 듣고 여러 사정을 참작하여 조정안을 제시하고 서로 양보와 타협을 통하여 합의에 이르게 함으로써 분쟁을 평화적이고 간이신속하게 해결하는 제도이다. 이에 반하여 소송절차는 분쟁당사자 쌍방이 권리를 주장하고 다툼이 있는 사실관계에 대한 증거를 제출하면 법원이 어느 당사자의 주장이 옳은지를 판단하여 판결로써 분쟁을 강제적으로 해결하는 제도이다.

1-1. 조정절차

조정은 분쟁의 당사자 일방 또는 쌍방이 조정신청을 하거나 소송
사건을 심리하고 있는 판사가 직권으로 그 사건을 조정에 회부함으
로써 시작된다. 조정은 피신청인(상대방)의 주소지, 사무소 또는 영업
소의 소재지, 근무지, 분쟁목적물의 소재지 또는 손해발생지를 관할
하는 지방법원, 지방법원지원, 시군법원에 신청할 수 있다. 당사자는
합의에 의하여 관할법원을 정할 수도 있다. 따라서 당사자 쌍방이
합의한 경우에는 어느 곳이든 편리한 법원에 조정을 신청을 할 수
있다. 조정신청은 본인 스스로 또는 변호사나 법무사에게 의뢰하여
작성한 조정 신청서를 관할법원이나 당사자가 합의하여 정한 법원에
제출하거나 법원직원에게 구술로 신청할 수 있다. 조정을 신청할 때
에는 당사자의 성명, 신청의 취지 및 분쟁의 내용을 명확히 하여야
한다. 조정절차가 진행되려면 당사자 쌍방에게 소환장 등이 송달되
어야 하므로 신청인 본인과 상대방의 주소 또는 송달장소를 정확히
기재하고 우편번호와 전화번호도 함께 기재하는 것이 좋다.

조정을 서면으로 신청하는 경우에는 상대방 인원수만큼의 신청서
부본을 함께 제출하여야 하며, 조정절차가 신속히 처리되게 하려면
분쟁에 관련된 증거서류를 조정신청 시 함께 제출하는 것이 좋다. 조
정신청을 할 때에는 조정수수료를 수입인지로 납부하여야 하는데 그
금액은 민사소송을 제기할 때 내는 금액의 5분의 1이다. 그 밖에 대

법원예규가 정한 일정금액의 송달료를 예납하여야 한다.

절차는 당사자 쌍방이 법원에 출석하여 조정신청을 한때에는 특별한 사정이 없는 한 그 신청당일이 조정기일이 된다. 조정기일로 지정된 일시, 장소에 당사자 본인이 직접 출석하여야 하며, 다만 조정담당판사의 허가가 있으면 당사자의 친족이나 피용자 등을 보조인으로 동반하거나 대리인으로 출석하게 할 수 있다. 조정기일에 당사자 사이에 합의가 이루어지면 그 내용이 조서에 기재됨으로써 조정이 성립된다. 다만 예외적으로 당사자의 합의내용이 상당하지 아니한 경우에는 조정전담판사가 합의를 무시하고 조정이 성립되지 아니한 것으로 하여 사건을 종결시키거나 합의내용과 다른 내용으로 조정에 갈음하는 결정을 할 수도 있다.

조정결정에 대하여 당사자는 그 내용이 기재된 조서정본 또는 결정서정본을 송달받은 날로부터 2주일 내에 이의신청을 할 수 있고 이의신청이 있으면 그 결정은 효력을 상실하고 사건은 자동적으로 소송으로 이행된다. 조정신청 시에 소가 제기된 것으로 처리되므로 그때를 기준으로 소멸시효중단 등의 효력이 생기고 한편 소송으로 이행됨에 따라 소 제기 시 붙여야할 인지에서 조정신청 시 붙인 인지액을 공제한 차액만 붙이면 된다.

조정이 성립되었거나 조정에 갈음하는 결정이 확정되었는데도 상대방이 그 의무를 이행하지 아니한 때에는 확정판결과 마찬가지로 위 조정 또는 결정을 가지고 강제집행을 할 수 있으며, 또한 채무내용이 금전채무인 경우에는 법원에 채무자의 재산관계의 명시를 요구하는 신청을 하거나 일정한 경우 채무자를 채무불이행자 명부에 등재하여 줄 것을 요구하는 신청을 할 수 있다. 또한 전세보증금반환소송에서 상환이행판결을 받거나 조정신청을 하여 상환이행의 조정조서가 작성된 경우 임차인은 주택을 비우지 않고도 경매를 신청할 수 있다.

1-2. 소송절차

임차인은 조정신청을 하지 않고 곧바로 보증금반환청구소송을 법원에 제기 할 수도 있다. 본인 스스로 또는 변호사나 법무사에게 의뢰하여 작성한 소장을 상대방의 주소지, 사무소 또는 영업소의 소재지, 근무지, 분쟁목적물의 소재지 또는 손해 발생지를 관할하는 지방법원, 지방법원지원, 시군법원이나 본인 주소지 법원에 제기할 수 있다. 소장에서 당사자의 성명, 청구위지 및 분쟁의 내용을 명확히 하여야 한다. 소송절차가 진행되려면 당사자 쌍방에게 소환장 등이 송달되어야 하므로 소송을 제기하는 본인과 상대방의 주소 또는 송달장소를 정확히 기재하고 우편번호와 전화번호도 함께 기재하는 것이 좋다. 상대방 인원수만큼의 소장부본을 함께 제출하여야 하며 소송절차가 신속하게 처리되게 하려면 분쟁에 관련된 증거서류를 함께 제출하는 것이 좋다. 소장을 접수할 때에는 인지 및 송달료를 예납하여야 한다.

소장이 접수되면 법원은 재판기일 등을 지정하여 양 당사자에게 통지하며, 당사자는 지정된 일시, 장소에 출석하여야 하는데 변호사가 선임된 경우에는 대리인인 변호사가 출석하므로 본인이 직접 출석하지 않아도 되며, 본인이 직접 소송을 수행하는 때에는 일정한 경우에는 법원의 허가를 받아 당사자의 친족 등이 대리인으로 출석하여 소송을 진행할 수 있다. 사실에 대해서는 서증, 증인신문 등을 통하여 입증하여야 한다. 당사자가 변론기일에 출석하지 않을 때에는 출석한 쪽의 주장사실을 자백한 것으로 간주되므로 불리한 판결을 받을 가능성이 매우 높다. 소송을 제기한 원고가 소송 중에 조정신청을 하거나 담당판사가 당사자 간 합의조정 하여 원만하게 해결함이 좋다고 판단하여 직권으로 조정에 회부한 때에는 조정철차에 따라 처리되게 된다.

조정에 회부되었으나 당사자 간 원만하게 합의되지 않을 경우에는 다시 소송절차로 이행된다. 법원이 심리를 완료한 때에는 변론을 종결하고 판결을 선고한다. 판결에 불복할 경우에는 판결문이 송달된 날로부터 14일 이내 1심법원에 항소할 수 있다. 상대방이 판결내용에 따른 의무를 이행을 하지 않을 때에는 승소판결을 받은 원고는 법원에 판결확정증명이나 판결정본송달증명을 받고, 판결에 집행문을 부여받아 강제집행을 실시하여 보증금을 돌려받을 수 있다.

일상생활에서 알아두면 편리한
생활법률

자동차편

자동차 등록제도

1-1. 자동차를 신규로 등록

자동차의 신규등록은 소유자의 주소지를 관할하는 자동차등록 관청에 임시운행 허가기간(10일)내에 신규등록신청서를 제출하면 된다. 그러나 자동차 신규등록절차는 소유자(자동차구입자)가 그 절차를 잘 모르기 때문에 일반인의 편의를 도모해 주기 위하여 자동차를 판매한 회사가 의무적으로 신규등록신청을 대행하고 등록번호판까지 부착하여 구입자에게 인도하도록 하고 있다. 이에 위반한 자동차 판매회사는 과태료 처분을 받는다.

1-2. 자동차 소유자 주소변경

자동차소유자는 자동차의 사용 본거지가 변경된 때에는 변경된 날로부터 15일 이내에 변경된 주소지를 관할하는 등록관청에 주소변경 등록신청을 하여야 한다. 자동차 소유자가 같은 시·도내에서 주소를 변경한 때에는 주민등록전입신고 시 주민등록전입신고서에 자신이 소유한 자동차등록번호만 기재하면 되며 다른 시·도로 주소지를 변경한 때에는 주민등록 전입신고일로부터 15일 이내에 변경된 새 주소지의 등록관청에서 주소변경등록을 신청하여 자동차등록증과 등록번호판을 갱신 받아야 한다.

1-3. 중고자동차 매매

중고자동차를 취득한 경우에는 양수인은 취득한 날로부터 15일 이내(증여는 20일, 상속은 3개월 이내)에 양수인의 주소지 관할 등록관청에 이전등록 신청을 하여야 한다. 중고자동차를 사고 팔 때에는 반드시 법정양식의 중고차매매계약서(즉, 당사자 거래용 또는 자동차 매매업자거래용 양도증명서)를 작성하여야 하는데 이를 소홀히 할 경우 이전등록이 불가능하거나 곤란케 되어 자동차세, 보험료 및 사고 배상책임 등이 양도인에게 계속 부과되는 불이익을 받게 된다.

1-4. 자동차 정기점검 및 검사

정기점검은 사업용자동차에 한하여 받게 되며, 차종별로 차령 3년에서 5년이 경과된 후 최초로 정기검사를 받아야 하는 날이 속하는 달과 이후 매 1년이 되는 달마다 등록을 한 정비업체에서 받아야 하며, 이를 이행하지 않을 때에는 과태료처분을 받게 된다. 정기검사는 비사업용 승용차의 경우 최초에는 새 차 구입 후 4년,

그 이후에는 매 2년마다, 기타의 자동차는 차종·용도·차령별로 6개월에서 2년마다 자동차등록증에 기재된 검사유효기간만료일의 전·후 15일 이내에 교통안전공단 검사소 및 지정정비사업자 검사장에서 받아야 하며, 이를 이행하지 않을 때에는 과태료처분을 받게 된다.

1-5. 자동차 도난 시 조치

자동차를 도난당한 경우에는 관할 경찰관서에 도난신고를 함은 물론, 종합보험(차량손해)에 가입한 차량은 그 도난신고확인서를 첨부, 보험회사에도 그 사실을 통보하여야 보험금을 지급받을 수 있다. 자동차를 도난당한 경우에는 관할 경찰서장의 도난신고 확인서를 첨부하여 자동차 말소등록을 신청할 수 있으나 쉽게 되찾을 수도 있는 만큼 당분간은 말소등록을 하지 않고 기다려보는 것이 바람직하다. 도난으로 말소등록을 한 후 그 자동차를 회수한 경우에는 회수한 날로부터 3개월 이내에 부활 신규등록을 신청하여야 한다. 부활 등록코자 할 때에는 관할 자동차 등록관청에서 신규등록 및 신규검사를 위한 임시 운행허가를 받고 지정된 자동차 검사소에서 신규검사에 합격한 다음 부활 신규등록 신청서를 제출하면 새로운 자동차 등록증 및 등록번호판을 교부해 준다.

1-6. 자동차 폐차, 말소등록

자동차를 폐차하기 위해서는 전국 어느 곳에서나 등록된 자동차 폐차업소에 자동차 폐차요청서와 함께 자동차를 제시하면 된다. 폐차 요청에서부터 폐차 인수증명서를 발급받는데 걸리는 시간은 보통 20~30분 정도이다. 만일, 저당등록이나 압류등록이 된 자동차와 차대번호 등이 자동차 등록원부의 내용과 다른 자동차는 폐차가 금지된다. 따라서 저당이나 압류된 자동차는 먼저 저당채무를 갚거나 체납된 세금을 납부하여야만 폐차가 가능하다. 자동차 소유자가 폐차하여야 할 자동차를 무단방치 할 경우에는 형사처벌을 받게 된다. 자동차 소유자는 자동차가 폐차된 경우, 그날로부터 1개월 이내에 관할 자동차 등록관청에 말소 등록신청을 하여야 하며 정식으로 폐차장에서 폐차한 경우에는 자동차 폐차업소가 말소등록을 대행해 주도록 하고 있다.

1-7. 자동차 등록번호판의 관리

자동차 등록번호판은 자동차의 얼굴이므로 항상 청결하게 관리해야 한다. 자동차 소유자는 자동차 번호판을 찌그러뜨리거나, 밧줄을 감거나 흙을 바르는 등 번호판을 잘 알아볼 수 없도록 하면 벌금처벌을 받게 된다. 만일 자동차 번호판이 훼손되거나 분실

된 경우에는 관할 경찰서장이 발급하는 분실 또는 도난신고 확인서와 행정처분중이 아님을 증명하는 서류를 첨부하여 관할 자동차 등록관청에 재교부 신청을 하여 교부 받으면 되며, 뺑소니 및 범죄차량을 미연에 방지하기 위하여 번호판이 훼손된 차량을 발견한 사람은 시군구청이나 자동차 등록관청에 고발하여야 한다(강제는 아님).

2 교통사고 대처

2-1. 교통사고 관계자가 유의할 사항

교통사고란 항공기, 선박, 자동차 등 모든 교통수단에 의하여 발생하는 사고를 말하는 것이지만 여기서는 주로 도로상에서 발생하는 자동차사고에 관하여 설명하기로 한다.

가. 구호의무

교통사고가 나면 사고차량의 운전자나 승무원은 자기에게 과실이 있건 없건 즉시 차를 세우고 사상자를 구호하는데 필요한 조치를 취하여야 한다. 구호조치를 취하지 아니하면 설사 수사 결과 교통사고 자체에 과실이 없다고 판단되더라도 처벌을 받게 된다. 뿐만 아니라 현장에서 도주해 버리면 수사상 과실이 많은 것으로 불리한 취급을 받게 되고, 일단 도주차량의 혐의가 인정되면 일반 교통사고와 달리 징역 1년 이상 사형까지 엄중한 법의 심판을 받게 된다.

나. 신고의무

교통사고의 내용이 인적피해이건 물적피해이건 간에 전술한 구호조치가 끝난 다음 즉시 가까운 경찰관서에 신고를 하여야 한다. 설사 피해자가 신고하지 않기를 원한다고 하더라도 신고의무를 위반하면 처벌받게 된다. 다만, 자동차만 손괴한 것이 분명하고, 사고 후 또 다른 사고가 나지 않게 함은 물론 교통소통에도 장애가 없도록 하는 등 사고가 나기 이전처럼 필요한 조치를 한 때에는 신고의무가 면제된다.

2-2. 교통사고처리특례법 해설

가. 특례법의 제정이유

교통사고는 피해가 중하기 때문에 가해자로 하여금 피해자에게 충분하고 신속한 피해보상을 강제할 목적으로 엄벌 되는 경향이 있었다. 또 일부 비양심적인 피해자는 가해자의 과실이 매우 적고 자신의 피해가 대단치 아니함에도 불구하고 부당한 보상을 받아내고자 가해자를 형사고소 하는 악의적 현상도 있었다. 따라서 피해자에게 신속하고 적정한 보상책을 강구하면서 과실범인 교통사고 사범의 형사처벌을 완화하고자 이 법이 제정된 것이다. 내용인 즉 가해자의 경우 피해자와 합의하면 원칙적으로 처벌하지 않는다. 그러나 1심판결 선고 전까지 합의되지 않으면 처벌받는다. 따라서 가해자는 신속한 합의를 위하여 노력하여야 한다. 만약, 가해자가 종합보험이나 공제조합에 가입되어 있으면 보험회사나 공제조합에서 피해자가 입은 손해를 전액보상 하므로 합의된 경우와 마찬가지로 취급된다(단, 중상해의 경우는 반드시 합의가 되어야 함).

그러나 사고자의 잘못이 매우 크다고 보이는 다음의 경우는 합의되었다고 하더라도 형사처벌을 면하지 못한다. 즉, 피해자가 사망한 경우, 구호조치를 취하지 않고 도주한 경우(이른바 뺑소니의 경우), 신호나 통행의 금지 또는 일시정지를 내용으로 하는 안전표지의 지시를 위반한 경우, 중앙선을 침범한 경우, 제한시속을 20㎞ 이상 초과한 경우, 앞지르기의 방법 또는 금지시기 및 장소에서 앞지르기 또는 끼어들기에 위반한 경우, 건널목 통과방법을 위반한 경우, 횡단보도에서 보행자 보호의무를 위반한 경우, 운전면허가 없이 운전한 경우, 주취 또는 금지약물을 복용한 상태에서 운전한 경우, 무면허 건설기계 조종사고의 경우, 인도돌진 및 통과방법 위반으로 보행자를 다치게 한 경우, 개문발차로 타고 내리던 승객을 다치게 한 경우 등이 이에 해당한다.

2-3. 자동차보험제도

가. 강제보험 즉 책임보험의 경우
강제보험은 모든 자동차 소유자가 가입하여야 하는 보험으로 사망의 경우, 상해의 경우, 후유장해가 생긴 경우에 따라 보험금액을 차등적으로 지급한다. 교통사고 피해자는 위 금액의 범위 내에서 직접 보험회사에 대하여 손해배상금액의 지급을 청구할 수 있는데, 장례비 등 시급하게 소요되는 비용에 대하여는 보험회사에 가불금지급청구서, 사고증명서, 진단서 등 필요한 서류를 구비하여 신청하면 지체 없이 가불금을 지급하도록 되어 있다. 단, 피해자는 위 기재금액 범위 안에서 보상받을 수 있을 뿐이므로 실제의 손해금액이 그보다 많은 경우에는 그 초과액을 가해자 측에 대하여 청구할 수 있음은 물론이다.

나. 임의보험 즉 종합보험의 경우

교통사고로 인한 손해가 위 책임보험만으로는 보상될 수 없는 경우가 많으므로 이러한 때를 대비하여 임의로 종합보험을 들어두면 좋다. 즉 책임보험은 인적사고의 경우에는 일정한 금액의 범위를 한도로 하고 있고 물적손해에 대하여는 전혀 배상하지 않지만 종합보험에 들면 거의 모든 손해를 보험회사가 배상해주기 때문이다. 단, 종합보험에 든 경우라도 약관에는 보험회사가 보험금의 지급을 거부할 수 있는 면책조항이 있는데 그 중 대표적인 것이 무면허운전 및 음주운전이다. 이 경우에는 보험의 혜택을 받을 수 없다. 그리고 임의보험은 약관의 일반조항에 의하여 보험회사의 사전승인 없이 지급한 손해배상의 전부 또는 일부는 승인하지 않는다는 규정이 있는 경우도 있으므로 합의를 할 때에는 보험회사와 상의하여 행하는 것이 좋을 것이다. 또 피해자가 보험회사에서 사정한 금액 이상을 청구할 경우가 있는데 이때에는 보험회사와 상의하여 피해자 측이 소송을 제기함을 기다려 법원의 공정한 판결에 따를 수밖에 없을 것이다. 그리고 이 경우 변호사의 조력을 받는 것이 좋은데 변호사비용도 보험회사가 부담을 하는 것이므로 보험회사와 상의하는 것이 좋다.

다. 자동차보험과 피해자

위에서 설명한대로 책임보험의 경우는 배상이 일정금액 한도에 그쳐 충분치 못하고, 종합보험은 배상의 폭이 넓고 또 종합보험 보통약관에 따라 피해자가 직접 보험회사에 대하여 보험금 지급을 청구할 수 있으므로 자동차를 소유하고 있는 사람은 모두 종합보험에 가입하는 것이 안전하다.

2-4. 교통사고와 관련된 법률상식

가. 미군용 차량에 치인 경우

미군용 차량에 의한 사고 시, 미군의 과실로 인하여 사고가 발생하였다면 우리나라와 미국 간에 체결된 행정협정에 따라 우리나라 정부에서 피해보상을 해준다. 따라서 피해자는 전국 각 지방검찰청 단위로 설치되어 있는 각 지구배상심의회에 배상신청을 하면 피해를 배상받을 수 있다. 그런데 배상심의회에서 결정된 금액이 충분하다고 생각되지 않으면 피해자는 법원에 소송을 제기하여 판결을 받을 수 있다. 그러나 법원에 소송을 내기 전에 반드시 배상신청절차를 거쳐야 하는 점에 주의하여야 한다.

나. 우리나라 군용차에 치인 경우

이 경우에는 편의에 따라 사고지 또는 주소지를 관할하는 군부대 지구배상심의회에 신청하면 된다. 배상절차는 국가배상제도의 설명과 같다.

다. 차량관리소홀 책임

차량 소유자가 자동차 열쇠를 허술하게 보관하여 다른 사람이 무단 운전하다가 사고를 일으켰을 경우에 차주는 이에 대한 손해배상책임을 져야 한다는 판결이 있다. 그러나 이것은 차주가 사고에 대한 형사책임까지 진다는 것은 아니다(민사배상에 한함).

라. 자동차 명의이전을 하기 전의 사고에 대한 책임

자동차를 팔았으나 자동차 등록원부의 등록명의는 그대로 가지고 있는 동안 사고가 났을 경우 손해배상책임은 어떻게 되는가를 보면, 매도인이 계약금만 받고 중도금과 잔금을 받기 전에 자동차를 인수해 간 매수인이 사고를 낸 경우에는 매도인도 배상책임을 진다. 그러나 매도인이 잔금을 받은 후 명의이전서류까지 모두 건네주었으나 단지 매수인이 이전등록을 하지 않은채 자동차를 운행한 경우에는 매도인은 배상책임을 지지 않는다. 요컨대 자동차의 운행을 누가 지배하고 있느냐, 운행의 이익을 누가 보고 있느냐가 책임의 소재를 결정하는 중요한 조건이라고 하겠다.

마. 차주 등의 손해배상책임

교통사고가 났을 때 가해 운전자가 손해배상 책임을 지는 것은 당연한데, 차량의 소유자도 배상책임을 지는지를 묻는 사람이 많다. 당연히 차주 등은 운전자가 타인에게 입힌 손해를 배상할 책임을 진다. 운전자가 형사처벌을 받았다고 하더라도 손해배상책임이 없어지는 것은 아니다. 물론 차주 등이 운전자의 과실이나 자기의 과실 없이 일어난 사고이며 운전자 외의 제3자에게 고의나 과실이 있고 자동차의 구조상 결함이나 기능의 장해가 없었다는 것을 증명하면 차주 등은 손해배상책임을 지지 않겠지만, 보통 이와 같은 것을 증명하는 것은 어려운 일이므로 차주 등은 거의 책임을 지게 된다고 볼 수 있다.

바. 육교 밑 등 피해자 과실에 의해 일어난 사고

육교가 있는 곳에서 운전자로서는 사람들이 육교로 다닐 것을 믿고 운전한다고 보아야 하므로 육교 밑을 무단횡단 하다가 일어난 사고는 피해자의 잘못이 크다고 하여야 할 것이다. 이것은 고속도로 또는 자동차 전용도로상으로는 사람이 건너지 않을 것을 믿고 운전하는 것이 보통이므로 고속도로 또는 자동차 전용도로를 무단횡단 하는 사람이 다친 사고는 운전자의 책임을 묻지 않는 것과 같은 말이다.

사. 위자료

위자료란 피해자 등이 교통사고로 인하여 입은 정신적 손해액을 말하는데 이는 성질상 주관적 사정, 피해자와 가해자의 자력, 사회적 지위에 따라 동일하지 않으므로 결국 법원에서 최종적으로 결정할 수밖에 없다고 할 것이다. 피해자가 사망한 때에는 피해자의 상속인에게 위자료 청구권이 상속되며, 사망으로 인하여 정신적 고통을 받은 배우자나 형제자매 등 특별관계가 있는 자에게는 그 고유의 위자료 청구권이 있다.

아. 과실상계

사고발생에 있어서나 피해의 정도에 있어서 피해자에게도 잘못이 있는 경우에 피해자가 피해의 전부를 배상받도록 하는 것은 공평하지 못하므로 피해자의 과실만큼 배상액을 감하는 것을 과실상계라고 한다. 피해자에게 과실이 있다는 것에 대하여는 가해자

측에서 증거를 제시하여야 하지만 결국 얼마의 비율로 피해자의 잘못을 인정할 것인가는 법원이 정하게 될 것이다.

자. 배상금 합의 요령

가해자와 피해자가 소송을 하기 전에 서로 원만히 합의를 하면 양측에 서로 유리한 점이 있다. 즉 피해자는 소송비용이 들지 않고 신속히 배상을 받게 되고 가해자도 형사사건에 있어 유리한 조건이 되고 또 소송에 이르게 되면 합의금보다 고액의 배상금을 물게 될 위험이 있다.

따라서 당사자는 다음과 같은 점에 유의하여 서로 웃는 낯으로 합의를 하는 것이 좋겠다. 가해자는 피해자에게 사과를 하고 문병을 하는 등의 성의를 보여야 한다. 서로 이성을 가지고 대화를 나누어 감정대립을 피하여야 한다. 보통 피해자의 경우는 흥분하기 쉬우므로 이 점을 가해자는 이해하여야 할 것이다. 특히 사망한 사고의 경우에는 유족의 감정을 부드럽게 할 필요가 있다. 피해자에게 발생한 손해의 정도, 범위, 과실정도 등에 대하여 굳이 변호사가 아니라도 법률에 밝은 사람과 상의하여 정확한 자료를 서로 간에 준비하여야 한다. 그래야만 서로 간에 합리적인 선에서 합의가 이루어질 수가 있는 것이다.

합의를 보는 경우에 간혹 브로커가 개입하는 수가 있는데 상대방이 과연 정당한 자격을 가지고 있는지를 확인하여야 한다.

적절한 기회를 놓치지 말아야 한다. 계속 대화와 타협을 하면 서로 양보할 수 있는 선이 나타날 것이므로 그 기회를 잘 포착하여야 한다.

그리고 합의를 하는 경우에는 반드시 합의서를 작성하여야 함은 당연한 일이다. 합의서를 작성함에 있어서는 우선 합의의 대상이 되는 사고자체를 명확히 표시하여야 하고, 합의의 당사자 및 합의조건을 분명히 하여야 한다. 특히 합의서에 "일체의 민·형사상 이의를 제기치 않겠다"라는 문구를 넣을 때는 보다 신중해야 하고 만일의 경우를 대비해서 "후유증 발생 시는 이를 가해자 측이 책임지고 치료해 줌은 물론 그로 인한 손해도 모두 배상해 준다"라는 단서를 넣어두면 안전하다.

일상생활에서 알아두면 편리한

생활법률

민사소송편

민사소송

1-1. 민사소송의 의의

사람들 사이에 이해관계가 충돌하여 분쟁이 생기면 원시시대에는 스스로의 힘에 의하여 이를 해결할 수밖에 없었다. 그러나 문명사회에서는 힘으로 분쟁을 해결하는 것은 금지되어 국가기관인 법원이 분쟁당사자 사이에 개입하여 분쟁을 조정, 해결해 주도록 되었는데 그 절차를 민사소송이라 한다.

1-2. 원고와 피고

민사소송을 먼저 제기하는 사람을 원고, 당하는 사람을 피고라고 한다. 개인이나 법인은 물론 종중, 동창회, 학교육영회 같은 사실상의 단체도 민사소송의 원고, 피고가 될 수 있다. 다만, 미성년자 같은 무능력자는 법정대리인이 소송을 대리하여야 한다.

1-3. 어느 법원에 소송을 제기하여야 하나

원칙적으로 피고의 주소지를 관할하는 법원에 소송을 제기하여야 하지만 원고의 편의 등을 위하여 여러 가지 예외가 인정되고 있다. 예컨대, 대여금, 물품대금, 손해배상의 청구의 경우 그 채무이행지인 원고의 주소지를 관할하는 법원에도 소송을 제기할 수 있도록 한 것(의무이행지의 특별재판적), 교통사고를 당한 피해자가 사고장소를 관할하는 법원에도 소송을 제기할 수 있도록 한 것(불법행위지의 특별재판적)등이다. 그리고 소송물의 액수에 따라 1억 원을 초과하는 사건은 판사 3인으로 구성되는 재판부가 관할하며, 그 이외의 사건은 단독판사가 관할한다. 다만 예외적으로 소송물의 액수가 1억 원 이하인 자동차사고 또는 산업재해로 인한 손해배상 청구사건과 모든 어음·수표 청구사건 등은 단독판사가 관할한다.

1-4. 민사소송을 제기하는 방법

민사소송은 소장을 작성하고 인지를 붙여서 관할 법원에 제출하면 되는 것이다. 다만 소송위임장과 같은 부속서류를 첨부하여야 할 때도 있다.

가. 소장의 기재사항

원고, 피고의 주소·성명이 명확히 기재되어야 한다(전화번호와 우편번호도 기재하는 것이 좋다). 피고가 있는 곳을 알 수 없을 때에는 소명자료를 첨부하여 공시송달을 신청할 수 있다. 청구취지를 특정하여 기재하여야 한다. "피고는 원고에게 돈 천만 원을 지급하라"는 식으로 원고가 판결을 통하여 얻어내려는 결론을 기재하여야 한다. 청구원인을 기재하여야 한다. "원고는 2013년 1월 1일 피고에게 돈 천만 원을 빌려주었으나, 피고는 이를 갚지 않고 있다"는 식으로 판결을 구하게 된 원인이 무엇인가를 구체적으로 기재한다.

나. 인지의 첨부 또는 현금납부

소장에는 소가에 따라 금액별로 차등하여 일정수준의 인지를 붙이거나 현금을 납부하여야 한다. 또한 송달료 예납이 필요한데, 원·피고가 각각 1명인 경우를 기준으로 하여 일정금액의 송달료를 은행에 미리 납부하여야 한다.

1-5. 민사소송의 진행

가. 피고에게 알림

민사소송이 제기되면 재판장은 소장부본을 피고에게 송달하여 피고에게 어떠한 소송이 제기되었는가를 미리 알려준다.

나. 변론기일의 지정 및 소환

그 후 재판장은 사건이 접수된 순서에 따라 변론기일을 정하여 원·피고를 소환한다. 법원에 따라 사건이 폭주하여 변론기일이 지정될 때까지 다소 시간이 걸리는 수도 있다.

다. 주장·답변 및 항변

변론기일에 원고는 먼저 "돈 천만 원을 빌려주었다"는 사실을 주장하고 피고는 이에 대하여 "빌린 사실이 있다(자백)" 또는 "없다(부인)"는 식의 답변을 한다. 주의할 점은 대답을 하지 않으면(침묵) 자백하는 것과 같이 취급되고, 모르겠다(부지)고 하는 것은 부인하는 것으로 취급된다는 것이다. 그 외에 피고는 "돈 빌린 사실이 있으나(자백) 그 후에 갚았다 또는 빚으로 상계했다"는 식으로 새로운 사실을 내놓을 수도 있는데 이를 항변이라 하고 그 항변에 대하여 원고는 자백, 부인 등의 답변을 하여 소송이 진행되는 것이다. 이러한 주장, 답변 등은 원·피고가 변론기일에 출석하여 구두로 하는 것이 원칙이나 서면으로 제출할 수도 있는데 이를 준비서면 또는 답변서(피고의 최초 준비서면)라고 부른다. 실제로는 소송상의 주장, 답변 등은 간단한 것을 제외하고는 미리 서면으로 준비하여 이를 제출하는 것이 좋다.

라. 입증

주장 또는 항변사실에 대하여 상대방이 부인(또는 부지)하면 주장 또는 항변을 한 자가 이를 입증하여야 한다. 누가 입증할 책임이 있느냐 하는 것은 중요할 뿐만 아니라 매우 어렵고 복잡한 문제이다. 입증을 하는 방법은 제한이 없으나 서증, 증인신문, 검증, 감정, 당사자본인신문 등이 특히 많이 쓰이는 방법이다.

마. 변론기일 불출석에 따른 불이익

피고 중 어느 한쪽이 소환(공시송달 제외)을 받고도 불출석하면 출석한 쪽이 주장하는 사실을 자백한 것으로 간주되기 때문에(다만 불출석하더라도 준비서면으로 써낸 답변은 인정된다) 불리한 판결을 받을 가능성이 매우 크다. 만약 쌍방이 모두 2회에 걸쳐서 적법한 소환을 받고도 불출석 하거나 변론을 하지 아니한 때에는 그 후 1개월 내에 기일지정신청을 하지 아니하면 소가 취하된 것으로 간주한다.

1-6. 소송절차의 종료

가. 종국판결

법원이 심리를 완료한 때에는 변론을 종결하고 보통 2주 후 판결을 선고한다.

나. 소의 취하

원고가 판결확정 전에 소를 취하하는 때에는 소송은 종결된다. 다만 피고가 준비서면을 제출하거나 변론을 한 후에는 피고의 동의를 얻어야만 소를 취하할 수 있다. 그 밖에 청구의 포기, 인락, 화해 등으로 종료되기도 한다.

1-7. 상 소

가. 항 소

1심에서 패소판결을 받았으나 불복이 있는 사람은 판결을 송달받은 날로부터 2주 이내에 항소장을 작성하여 1심법원에 제출하면 판결이 확정되지 않고 항소심에서 또 다시 재판을 받게 된다.

나. 상 고

항소심의 판결에 대하여 불복이 있으면 판결 송달일로부터 2주 이내에 상고장을 항소심법원에 제출하여야 한다. 단, 상고심은 대법원에서 총괄하게 된다.

1-8. 확정과 강제집행

당사자는 판결이 확정된 경우에는 소송기록이 있는 법원에서 판결확정증명을, 확정 전 판결 중 가집행선고가 붙은 판결인 경우에는 판결정본송달증명을 받고, 판결에 집행문을 부여받아 이를 채무명의로 하여 강제집행 함으로써 소송의 목적을 달성하게 된다.

1-9. 소액심판사건

민사소송을 하려면 처음 소장을 쓰는 것부터 끝날 때까지의 절차가 어려워 변호사나 법무사의 도움 없이는 스스로 하기 어렵고, 비용도 많이 들고 시일도 오래 걸리기 때문에 재판을 꺼리는 수가 많았다. 2,000만 원을 초과하지 아니하는 금전지급을 목적으로 하는 청구(대여금, 물품대금, 손해배상청구)와 같이 비교적 단순한 사건에 대하여 보통재판보다 훨씬 신속하고 간편하며 경제적으로 재판을 받을 수 있게 만든 것이 이 제도이다. 법원종합접수실 또는 민사과에 가면 누구나 인쇄된 소장서식 용지를 무료로 얻어서 해당사항을 써 넣으면 소장이 되도록 마련되어 있고, 그것마저 쓸 수 없는 사람은 법원직원에게 부탁하여 무료로 대서까지 받을 수 있다. 원고와 피고 쌍방이 임의로 법원에 출석하여 진술하는 방법으로도 소 제기가 가능하다. 소장을 접수하면 즉시 변론기일을 지정(보통 30일 이내)하여 알려준다. 재판도 단 1회로 끝내는 것을 원칙으로 하므로 당사자는 모든 증거를 최초의 변론기일에 제출할 수 있도록 준비하여야 한다.

단, 재판에 불출석하면 즉시 불리한 결과가 닥친다. 피고가 불출석하고 답변서도 내지 않으면 즉석에서 원고에게 승소 판결이 선고되고, 원고가 두 번 불출석하고 그 후 1월 내에 기일지정의 신청을 하지 아니하면 소송은 취하된 것으로 간주될 수 있다.

당사자의 편의를 위해 1995년 9월 1일부터 소도시나 군 지역에 시법원 또는 군법원이 설치되었으므로, 시·군법원 관할의 소액사건에 대하여는 소장을 지방법원이나 지원에 제출하여서는 안 되고, 시·군법원에 제출하여야 한다. 보통 재판과 달리 변호사가 아니라도 원·피고의 처, 남편, 부모, 자식, 형제자매, 호주 등이 법원의 허가 없이 대리하여 소송을 할 수 있다. 이때는 위임장과 가족관계등록부 또는 주민등록등본을 제출하여야 한다.

2-1. 공증의 의의

공증은 일상생활에서 발생되는 거래에 관하여 증거를 보전하고 권리자의 권리 실행을 용이하게 하기 위하여 특정한 사실이나 법률관계 존부를 증명하여 주는 제도로서, 이를 이용하면 생활주변에서 생기는 여러 가지 거래나 분쟁을 예방하거나 분쟁발생시 유력한 증거로 활용할 수 있고 나아가 재판절차를 거치지 않고 간편하게 권리를 실행할 수도 있다.

2-2. 공증기관

공증은 공증인가를 받은 합동법률사무소와 법무법인 또는 임명된 공증인의 사무실에서 할 수 있고, 위와 같은 곳이 전혀 없는 지역에서는 지방검찰청의 지청에서도 공증을 할 수 있다.

2-3. 공증의 필요성

공증서류는 민사재판이나 형사재판에서 강력한 가치를 발휘하
므로, 분쟁발생시 그 해결에 유리할 뿐만 아니라 이로 인하여 공증
을 한 경우 분쟁이 발생하지 않게 되는 효과마저 생긴다. 또한 일
정한 금전, 대체물, 유가증권의 지급을 목적으로 하는 법률행위에
관하여 공정증서를 작성하면 지급이 이행되지 않을 경우 복잡하고
번거로운 재판절차를 거치지 않고 공정증서를 작성한 공증사무소
에서 집행문을 부여받아 바로 강제집행을 할 수 있어 편리하다.

2-4. 공증의 종류

가. 공정증서의 작성

공증인이 당사자의 의사 등을 확인하여 그에 관한 서류를 직접
작성하는 것을 말한다. 앞에서 기술한 것처럼 일정한 금전 등의 지
급을 목적으로 하는 법률행위에 관하여 공정증서를 작성할 경우
강제집행을 인락하는 문구를 기재하면 약정대로 지급되지 않을 경
우 바로 강제집행을 할 수 있게 된다.

나. 사서증서의 인증

당사자가 작성한 서류상의 서명날인이 본인의 의사에 의한 것
이 틀림없다는 것을 공증인이 확인하고 그 사실을 기재하는 것
을 말한다. 인증의 경우는 강력한 증거력이 있다는 효과만 있고

공정증서를 작성한 경우처럼 간편하게 강제집행을 할 수 있는 효력은 없다.

다. 정관 및 의사록 인증

상법의 규정에 의하여 주식회사 등 일정한 법인은 정관을 인증받아야 하고 법인등기절차에 소요되는 의사록도 인증 받도록 되어 있다. 이것은 사서증서 인증의 특별한 형태로서 정관이나 의사록이 적법한 절차에 의하여 작성되고 그 내용도 사실과 같다는 것을 공증인이 확인하여 주는 것이다.

라. 확정일자의 압날

당사자가 작성한 서류에 공증인이 일자인을 찍어 그날에 그 문서가 존재하였다는 사실을 증명해 주는 것이다. 주택임대차의 경우 입주한 임차인이 주민등록을 마치고 임대계약서에 확정일자를 받으면 그때부터 등기한 것과 동일하게 대항력을 갖게 되어 임차보증금에 대하여 사후에 우선 변제를 받을 수 있게 된다. 이러한 확정일자는 일반 공증사무소외에 법원이나 동사무소에서도 받을 수 있다.

2-5. 공증 시 준비사항

　공증을 촉탁하러 가는 사람의 주민등록증이나 운전면허증등 사진이 붙어 있어 신원을 확인할 수 있는 관공서 발행의 신분증명서와 인장을 지참해야 한다.(법인이 촉탁인인 경우는 대표자의 법인 인감증명서와 법인 등기부등본 또는 초본도 지참) 대리인에 의하여 공증을 하는 경우는 대리인의 신분증명서와 인장 외에 본인의 인감증명서(발행일부터 6개월 이내의 것)와 위임장 1통을 지참해야 한다. 유언공증의 경우는 증인이 2인 필요하므로 유언할 사람과 증인이 같이 공증사무소에 가야하고, 이 때 일정한 사람은 증인이 될 수 없으므로 사전에 공증사무소에 문의하여 알아보고 가는 것이 번거로움을 피할 수 있게 될 것이다.

공 탁

3-1. 공탁의 의의

공탁이란 법령의 규정에 따른 원인에 의하여 금전·유가증권·물품을 법원의 공탁소에 임치하여 법령에 정한 일정한 목적을 달성하는 제도로, 반드시 해당법령에 따른 공탁사유가 있어야 하며, 공탁을 하는 원인에 따라 여러 종류로 분류된다.

3-2. 변제공탁

채무자가 변제를 하려고 하여도 채권자가 변제를 받지 아니하거나 변제를 받을 수 없는 경우 또는 과실 없이 채권자가 누구인지 알 수 없는 경우에 채무자는 채무이행에 갈음하여 채무의 목적물을 공탁하여 그 채무를 면할 수 있는 공탁을 말한다. 변제공탁을 하면 채무가 소멸하므로 채무자는 채무를 면하게 되고, 채권자는 채무자에게 채무이행을 청구하지 못하고 대신 공탁소에 대하여 공탁물(채무의 목적물)의 지급을 청구할 수 있다.

가. 변제공탁의 신청 절차

법원의 공탁소에 비치된 공탁서와 공탁통지서를 받아 일정한 서류와 함께 제출하면 공탁공무원이 이를 심사하여 공탁을 수리하게 되고 그 후 공탁자가 공탁물을 공탁물보관은행에 납입하면 되며, 지정한 납입기일까지 납입하지 않으면 공탁수리결정은 그 효력이 상실된다.

나. 변제공탁물 출급청구

변제공탁을 하면 공탁서상 공탁물을 수령할 자로 기재된 채권자(피공탁자)가 공탁물을 수령할 수 있는 권리를 공탁물출급청구권이라고 하며, 피공탁자로부터 상속·양도·전부 등으로 인하여 공탁물출급청구권을 승계 받은 자도 공탁물출급청구권이 있으며, 피공탁자(채권자)가 공탁을 수락하는 경우 일정한 서류를 갖추어 공탁물을 출급청구 할 수 있다.

다. 변제공탁물 회수청구

변제 공탁자가 민법 제489조의 사유(채권자의 공탁수락 전, 공탁 유효의 판결이 확정되기 전)나 착오로 공탁을 한 때 또는 공탁의 원인이 소멸한 때에는 자신이 공탁한 공탁물을 회수할 수 있는 권리를 공탁물 회수청구권이라고 하며, 공탁자로부터 상속·양도·전부 등으로 인하여 공탁물 회수청구권을 승계 받은 자도 공탁물 회수청구권을 갖는다.

3-3. 보증공탁

특정의 상대방이 받을 수 있는 손해를 담보하기 위한 공탁을 말하는 것이며 손해담보공탁이라고 하기도 한다. 실무상으로는 주로 재판상 보증공탁이 가장 많이 행해지고 있다. 재판상 보증공탁의 공탁원인사실은 보통 가압류보증, 가처분보증, 가압류취소보증, 가처분취소보증, 강제집행정지의 보증, 강제집행취소의 보증, 강제집행속행의 보증, 소송비용담보, 가집행담보, 가집행을 면하기 위한 담보 등이 있으며, 보증공탁을 신청하는 절차는 변제공탁과 동일하다. 재판상 보증공탁을 하여야 할 경우중 가압류보증, 가처분보증, 소송비용담보 등의 경우는 법원의 허가를 얻어 금융기관 또는 보험회사와 지급보증계약을 체결한 문서(보증서)를 공탁서에 갈음하여 집행법원에 제출할 수 있다. 그리고 재판상보증공탁의 경우에는 손해담보를 위하여 공탁한 것이므로 통상 담보취소결정으로 공탁원인이 소멸되기 전에는 회수할 수 없고, 착오로 공탁한 경우에는 담보취소결정 없이도 회수할 수 있으며, 지급청구절차는 변제공탁의 경우와 동일하다.

3-4. 강제집행에 관한 공탁

강제집행절차의 어느 단계에 있어서 집행의 목적물(가압류금전이나 압류물건의 환가대금 또는 채권집행의 경우에 있어서의 변제제공금)을 집행기관이나 집행당사자 또는 제3채무자가 공탁소에 공탁하여 그 목적물의 관리와 집행당사자에의 교부를 공탁절차에 따라 행하도록 하기 위하여 하는 공탁을 말한다.

3-5. 보관공탁

목적물을 단순히 보관하기 위하여 하는 공탁을 말한다. 예를 들어 사채권자 집회의 소집청구 및 의결권 행사를 위하여 무기명식 채권을 가진 자가 그 채권을 공탁하는 경우(상법상 공탁)등이 있다.

3-6. 몰취공탁

일정한 사유가 발생하였을 때에는 공탁물을 몰취할 수 있도록 하기 위하여 인정된 공탁이고, 이는 상대방의 손해를 담보하기 위해서가 아니라 국가에 대하여 자기의 주장이 허위인 때에는 몰취의 제재를 당하여도 이를 감수한다는 취지의 공탁이다. 예컨대 법원은 당사자 또는 법정대리인으로 하여금 보증금을 공탁하게 하여 소명에 갈음할 수 있는데 보증금을 공탁한 당사자 또는 법정대리인이 허위진술을 한 때에는 법원은 보증금을 몰취한다.

4 내용증명 제도

4-1. 내용증명의 의의

내용증명이란 발송인이 수취인에게 어떤 내용의 문서를 언제 발송하였다는 사실을 우체국에서 공적으로 증명하는 등기취급우편 제도이다. 내용증명은 개인 상호간의 채권·채무관계나 권리의무를 더욱 명확하게 할 필요가 있을 때 주로 이용되고 있다.

4-2. 작성요령

먼저 A4용지에 한쪽 면만을 사용하여 상대방에게 알리고자 하는 내용을 6하 원칙에 따라 작성한다. 이 때 작성하는 내용을 내용문서라고 하는데 내용문서는 한글 또는 한자로 자획을 명료하게 기재한 문서인 경우에 한하여 취급이 가능하며 공공의 질서 또는 선량한 풍속에 반하는 내용문서는 취급하지 아니한다. 내용문서 작성 시 문자나 기호를 정정·삽입 또는 삭제할 때에는 "정정" "삽입" 또는 "삭제"의 문자와 정정·삽입 또는 삭제한 글자 수를 난외의 빈자리나 끝부분 빈곳에 기재하고 그 곳에 발송인의 인장이나 지장을 찍어야 한다. 이 때 정정 또는 삭제된 문자나 기호를 명확하게 알아볼 수 있도록 그 자체를 남겨두어야 한다. 그리고 내용문서의 서두나 끝부분에는 발송인 및 수취인의 주소·성명을 반드시 기재하여 누가 누구에게 발송한 내용문서임을 확실히 나타내야 한다.

4-3. 발송절차

내용문서의 작성이 완료되면 원본과 원본을 복사한 등본(내용문서의 매수가 2매이상일 경우에는 합철 한 부분에 발송인의 인장이나 지장으로 각각 계인) 2부를 함께 우체국 접수창구에 제출한다. 만약 발송인이 내용문서의 성질상 원본을 보내기 어려울 경우에는 복사한 등본 3부만을 제출하여도 된다. 내용문서 원본과 복사된 등본 2통에 대하여 소정의 증명절차가 끝나면 원본을 수취인에게 발송하여야 한다. 수취인에게 보낼 원본은 내용문서에 기록된 발송인 및 수취인의 주소·성명을 동일하게 기재한 봉투에 넣고 우체국 취급직원이 보는 곳에서 이를 봉함하여 등기접수하면 된다.

4-4. 이용범위 및 재증명 청구

내용증명취급은 국내우편의 특수취급이기 때문에 외국으로 발송하는 우편물에는 이용할 수 없다. 다만 국내에 거주하는 외국인에게 국내우편물로서는 발송이 가능하다. 내용증명 우편물 발송 후 발송인이나 수취인이 내용문서의 등본이나 원본을 분실하였거나 새로운 등본이 필요할 때에는 당해 내용증명우편물을 발송한 다음날로 부터 3년까지는 발송우체국에서 내용증명의 열람이나 재증명을 청구할 수 있다.

4-5. 이용 시 유의사항

내용증명은 단지 내용과 발송사실만을 우편관서에서 증명해줄 뿐이고 법적효력은 사법기관의 판단사항이므로 내용증명발송만으로 법적효력이 인정되는 것은 아니다. 내용증명은 본안소송 제기에 앞서 의무의 이행을 촉구하거나 증거를 확보하기 위한 수단 등으로 개인상호 간에 주로 이용되고 있는 것이다.

일상생활에서 알아두면 편리한

생활법률

강제집행편

금전채권

1-1. 금전채권 강제집행 제도의 취지

빌려준 돈이나 상품대금 등 돈을 받을 권리가 있으나 채무자가 임의로 변제를 아니 한다고 하여 함부로 채무자의 금품을 훔치거나 빼앗는 것은 허용될 수 없다. 국가가 정해진 법 절차에 따라 채권자를 대신하여 강제로 돈을 받아 주는 것이 강제집행절차인 것이다.

1-2. 채무명의 확보

강제집행을 할 수 있는 권리를 인정해 주는 공적인 문서가 채무명의이다. 대표적인 것이 "피고는 원고에게 돈 천만 원을 지급하라"는 식의 이행명령이 기재된 확정된 승소판결이다. 그 외에 가집행 선고가 붙은 미확정판결, 인락조서, 화해조서, 조정조서, 지급명령, 공정증서 등이 있다.

1-3. 집행문 부여

위와 같은 채무명의에 "위 정본은 피고 ○○○에 대한 강제집행을 실시하기 위하여 원고 ○○○에게 부여한다."는 취지를 기재하고 법원직원이나 공증인이 기명날인 하는 것이 집행문 부여이다. 다만 공증인은 공정증서에 대하여만 집행문을 부여할 수 있다. 집행문은 채무명의를 가지고 제1심법원이나 공증인 사무소에 가서 신청하면 간단히 처리해 준다. 이 때 법원 및 공증인의 경우 모두 일정액의 수수료를 납부하여야 한다. 본래의 원고나 피고가 사망하여 그 상속인이 집행을 하거나 상속인에 대하여 집행을 하려면 판결문에 표시된 원·피고와 실제 집행하려는 사람이 다르기 때문에 상속인임을 알 수 있는 가족관계등록부를 첨부하여 신청함으로써 승계집행문을 부여받아야 한다.

1-4. 유체동산에 대하여 강제집행할 때

가. 집행관에의 위임

위와 같은 관계서류를 갖추어 관할법원에 속하는 집행관사무실에 찾아가서 집행을 위임하여야 한다. 위임장은 인쇄된 용지를 쓰는데 보통 그곳에서 대서까지 해준다. 집행비용은 예납하여야 한다.

나. 압 류

동산이 있는 현장에 가서 압류를 해야 하므로 사전에 집행관과 협의하여 시간을 정해 현장까지 안내하고, 채무자가 일부러 피한다든지 하여 현장에 없는 경우도 많으므로 참여인이 될 성인 2명을 미리 확보하는 것이 좋다.

다. 경 매

압류물이 현금이면 직접 채권에 충당할 수 있으나 다른 것이면 경매하여 현금화해야 한다. 압류 후 보통 1개월쯤 지나 경매기일이 지정되는데 채무자가 자진 변제하면 강제집행의 위임을 취하할 수 있고 따로 타협이 되면 경매기일을 연기할 수도 있다. 경매기일에는 채권자가 나가지 않아도 되지만 채권자도 경락인이 될 수 있으므로 경매 기일에 나가보는 것도 좋은 방법이다.

라. 배 당

채권자가 여러 명이고 경매대금으로 모든 채권을 충족시키지 못하면 먼저 채권자들 사이에 협의를 하여 협의가 성립되면 집행관이 이에 따라 분배, 지급하고, 협의가 안 되면 법원이 법에 의하여 우선변제를 받을 수 있는 채권자에게 우선적으로 지급하고 그 후 일반 채권자들의 채권액에 비례하여 분배, 지급하게 된다. 강제집

행을 한 채권자라도 우선변제권이 있는 것이 아니므로 뒤에 배당
신청을 해온 채권자와 동등하게 취급된다.

1-5. 채권에 대하여 강제집행할 때

채무자가 은행에 예금이 있다든지 제3자에게 돈을 받을 것이 있
다든지(대여금 채권)하는 경우에는 관할법원에 압류명령을 신청한
다. 그리고 법원은 압류명령을 발하여 「제3채무자인 은행 등은 채
무자에게 지급해서는 아니 된다」는 지급금지명령을 내리게 된다.
채권자는 추심명령을 신청하여 채무자 대신 은행 또는 제3자로부
터 돈을 받을 수 있거나(이 때는 다른 채권자가 배당요구 가능)또는 전부
명령을 받아 채권자체를 이전 받을 수 있다. 압류명령과 추심명령,
압류명령과 전부명령을 같이 신청하는 것이 보통이다.

1-6. 부동산에 대하여 강제집행할 때

채무자가 부동산을 소유하고 있으면 관할법원에 부동산 강제경
매신청서를 제출한다. 그리고 법원은 경매개시결정을 하고 이 사
실을 부동산 등기부에 기재함으로써 부동산을 압류한 효과가 생
긴다. 다음으로, 입찰기일공고를 거쳐 입찰기일이 지정되고 입찰기
일에 매수신청인이 서면으로 매수가격을 신청하면 집행관은 그 중

최고가격을 신청한 사람을 매수인으로 정한다. 마지막으로 배당으로 동산의 경우와 같으나, 채권자들 사이에 협의를 하는 절차가 없고, 바로 법원이 배당을 한다.

1-7. 재산관계의 명시제도

채무자가 확정판결, 화해·조정조서, 확정된 지급명령 등에 의한 금전채무를 임의로 이행하지 아니하는 때에는 채권자는 집행력 있는 정본과 강제집행을 개시함에 필요한 서류를 첨부하여 법원에 채무자의 재산관계 명시를 요구하는 신청을 할 수 있다. 채무자는 법원의 명령이 있는 경우 법원이 정한 기일에 현재의 재산과 1년 이내에 한 일정한 거래행위와 2년 이내에 한 재산상의 무상처분을 명시한 재산목록을 제출하여야 하고, 동시에 그 재산목록이 진실함을 법관 앞에서 선서하여야 한다. 다만, 채무자가 3개월 이내에 채무를 갚을 수 있음을 소명한 때에는 그 제출을 3개월 범위 내에서 연기 받을 수 있고 연기된 기일까지 채무액의 3분의 2이상을 갚을 때에는 다시 1개월 범위 내에서 연기 받을 수 있다. 채무자가 정당한 사유 없이 기일에 법원에 출석하지 아니하거나 재산목록의 제출을 거부한 때, 또는 선서를 거부하거나 허위의 재산목록을 제출한 때에는 3년 이하의 징역이나 500만 원 이하의 벌금에 처한다. 채무자가 회사나 단체인 때에는 그 행위자인 대표자나 관리인이 위와 같은 처벌을 받는 이외에 그 회사나 단체도 벌금형을 받게 된다.

1-8. 채무불이행자명부제도

채무자가 금전의 지급을 명한 판결 또는 지급명령이 확정되거나 화해·조정조서 등이 작성된 후 6개월 이내에 채무를 이행하지 아니하거나 법원의 명령에도 불구하고 재산목록의 제출을 거부 또는 는 허위의 목록을 제출하는 등의 사유가 있는 때에는 채권자는 채무자를 채무불이행자명부에 등재하도록 법원에 신청 할 수 있다. 그 신청에 따라 법원이 채무불이행자명부에 등재하는 결정을 한 때에는 등재 후 그 명부를 법원에 비치함은 물론 그 부본을 채무자의 본적지(법인인 때에는 주된 사무소의 소재지)시·구·읍·면의 장에게 송부하게 된다. 채무불이행자명부는 인쇄물로 공표하지 아니하는 한 누구든지 열람·등사가 가능하며 채무가 모두 소멸된 것이 증명되어 법원의 말소결정이 있기까지 비치·공개되게 된다.

1-9. 보전절차의 필요성

사회생활을 하다보면 가령 채무자가 빚을 갚을 능력이 있으면서도 있는 재산을 전부 처분한 후 빚을 갚지 않으려고 하거나 주택을 매수하여 잔금까지 지불했는데도 집을 판 사람이 다시 그 집을 다른 사람에게 판 후 도망가려고 하는 경우가 있을 수 있다. 이러한 경우 채권자가 소송을 제기하여 승소한 뒤에 그 판결의 확정을 기다려 집행을 하기까지는 많은 시간이 걸리게 되고 그 사이에 채무자가 그가 가진 재산을 모두 처분하는 경우에는 채권자가 재판에 이기고도 집행을 하지 못하여 많은 손해를 입게 된다. 이와 같이 채권자의 권리를 확보하기 위하여 재판확정 전에 채무자가 그의 재산을 처분하지 못하도록 임시로 채무자의 재산을 묶어두는 절차가 가압류·가처분이다.

1-10. 가압류·가처분의 의의

가압류란 금전채권이나 장차 금전채권으로 될 수 있는 청구권에 관하여 후일의 강제집행을 보전하기 위한 임시조치이고, 가처분이란 분쟁의 대상이 되고 있는 물건에 대하여 후일의 강제집행을 보전하기 위하여 임시로 행하는 처분을 말한다(그 외에 임시의 지위를 정하는 처분도 있다). 가압류·가처분은 종국적인 판결 즉 승패가 날 때까지의 임시조치이므로 앞에 '가'자를 붙인 것이고, 채권자의 신청만을 가지고 법원이 단시일 내에 결정을 내리는 것이 보통이다. 대부분의 경우 가압류, 가처분에 앞서 담보를 제공하게 하는데, 신청인은 법원의 허가를 받아 보증보험회사와 지급보증위탁계약을 체결한 문서를 담보로 제공할 수 있다.

1-11. 가압류·가처분의 종류

가. 가압류

부동산은 채무자의 특정부동산(토지, 건물)을 함부로 처분할 수 없도록 가압류 한다. 동산은 채무자의 유체동산(냉장고, 텔레비전 등)을 함부로 처분할 수 없도록 가압류 한다. 채권의 경우 채무자가 다른 사람으로부터 받을 돈을 받지 못하도록 채권을 가압류한다.

나. 가처분

부동산점유이전금지 가처분은 채무자가 분쟁의 대상이 된 부동산의 점유를 다른 사람에게 이전하지 못하도록 한다. 부동산처분금지 가처분은 채무자가 분쟁의 대상이 된 부동산을 매매, 양도하는 등의 처분을 못하도록 한다.

1-12. 공무상표시무효죄

형법은 공무원이 그 직무에 관하여 실시한 강제처분을 보호하기 위하여 이를 침해하는 행위를 처벌하고 있다. 예를 들면 집행관이 가압류한 물건을 처분한 경우 또는 물건에 붙여놓은 가압류표시가 기재된 종이쪽지를 찢어버린 경우, 출입이 금지된 압류표지를 무시하고 토지에 들어가서 경작을 한 경우 등이 이에 해당된다. 또

한 당구장을 압류하되 채무자로 하여금 현상을 유지하는 것을 조
건으로 그 사용이 허용되었는데 채무자가 이를 무시하고 음식점
으로 개조하여 사용하는 경우 등도 처벌을 받게 된다.

일상생활에서 알아두면 편리한

생활법률

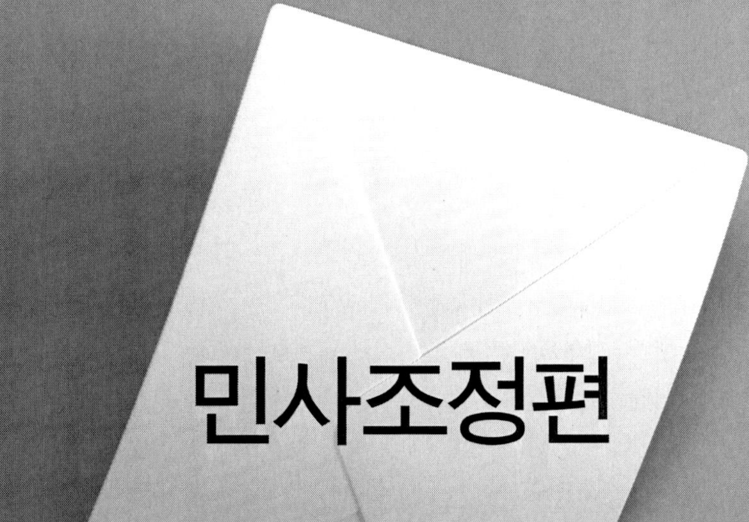

민사조정편

1-1. 민사조정이란 무엇인가

민사조정이란 민사에 관한 분쟁을 법관 또는 법원에 설치된 조정위원회가 간이한 절차에 따라 분쟁의 당사자로부터 각자의 주장을 듣고 관계자료를 검토한 후, 여러 사정을 참작하여 당사자들이 서로 양보하고 타협하여 합의를 하도록 주선, 권고함으로써 종국적으로 화해에 이르게 하는 법적절차이다. 이 제도는 다른 민사분쟁 해결방법에 비하여 비용이 적게 들고, 간이·신속한 절차에 의하여 진행되므로, 누구나 쉽게 이용할 수 있는 제도라 할 수 있다.

1-2. 민사조정제도의 장점

민사조정절차는 통상의 소송절차와는 달리 엄격한 제한이 없으므로 융통성이 많고, 법률지식이 없는 사람도 쉽게 이용할 수 있다. 조정을 신청하면 즉시 조정기일이 정하여지고, 단 한 번의 출석으로 절차가 끝나는 것이 보통이므로 분쟁이 단기간 내에 해결된다. 신청수수료가 소송사건의 5분의 1밖에 되지 아니한다. 자유로운 분위기의 조정실에서 당사자는 자기가 하고 싶은 말을 충분히 할 수 있고, 절차는 비공개로 진행될 수 있으므로 비밀유지가 가능하다. 사회각계의 전문가가 조정위원으로 참여함으로써, 그들의 경험과 전문적 지식이 분쟁해결에 큰 도움을 준다. 무조건 이행을 명하는 판결에 비하여, 채무자의 경제적 사정 등을 고려한 원만하고 융통성 있는 조정을 함으로써 당사자 사이의 날카로운 감정의 대립을 방지할 수 있다.

1-3. 민사조정신청

민사조정은 분쟁의 당사자 일방 또는 쌍방이 조정신청을 하거나, 소송사건을 심리하고 있는 판사가 직권으로 그 사건을 조정에 회부함으로써 시작된다. 조정은 피신청인(상대방)의 주소지, 사무소 또는 영업소의 소재지, 근무지, 분쟁의 목적물 소재지 또는 손해발생지를 관할하는 지방법원, 지방법원지원, 시·군법원에 신청할 수 있다. 당사자는 합의에 의하여 관할법원을 정할 수도 있다. 따라서 당사자 쌍방이 합의한 경우에는 어느 곳이든 편리한 법원에 조정을 신청할 수 있다. 조정신청은 본인 스스로 또는 변호사나 법무사에게 의뢰하여 작성한 조정신청서를 관할법원에 제출하면 된다.

조정신청은 구술로도 할 수 있다. 이는 신청인이 직접 관할법원에 가서 담당직원에게 신청내용을 진술하고, 법원직원이 그 내용을 무료로 조정신청조서에 기재하는 방법이다. 조정신청을 할 때에는 당사자의 성명, 신청의 취지 및 분쟁의 내용을 명확히 하여야 한다. 조정절차가 진행되려면 당사자 쌍방에게 소환장 등이 송달되어야 하므로, 신청인 본인과 상대방의 주소 또는 송달장소를 정확히 기재하고, 우편번호와 전화번호도 함께 기재하는 것이 좋다. 조정을 서면으로 신청하는 경우에는 상대방 인원수만큼의 신청서부본을 함께 제출하여야한다. 예컨대 상대방이 두 사람이면 신청서는 3통(원본용 1통과 부본용 2통)을 제출하여야 한다. 조정절차가 신속히 처리되게 하려면, 분쟁에 관련된 증거서류를 조정신청을 할 때 함께 제출하는 것이 좋다. 조정신청을 할 때에는 조정수수료를 수입인지로 납부하여야 한다. 그 금액은 민사소송을 제기할 때 내는 금액의 5분의 1로서, 매우 경제적이다. 그 밖에 대법원 예규가 정한 일정금액의 송달료를 예납하여야 한다. 예납한 송달료 중 사용하고 남은 금액은 절차가 종료된 뒤 신청인에게 반환된다.

1-4. 민사조정절차

조정사건은 조정담당 판사가 처리한다. 다만, 조정담당 판사가 직권으로 조정위원회로 하여금 조정하게 하거나, 당사자가 특별히 조정위원회에 의한 조정을 신청한 때에는 조정위원회에서 처리한다. 조정위원회는 판사 중에서 지정된 조정장 1인과 학식과 덕망이 있는 인사들 중에서 위촉된 2인 이상의 조정위원으로 구성된다. 다만 당사자는 합의하여 조정위원을 따로 선정할 수도 있다. 조정신청이 있으면 즉시 조정기일이 정하여지고, 신청인과 상대방에게 그 일시·장소가 통지된다. 당사자 쌍방이 법원에 출석하여 조정신청을 한 때에는 특별한 사정이 없는 한 그 신청당일이 조정기일이 된다. 당사자는 지정된 일시·장소에 본인이 직접 출석하여야 한다. 다만 조정담당 판사의 허가가 있으면 당사자의 친족이나 피용자 등을 보조인으로 동반하거나 대리인으로 출석하게 할 수 있다. 조정의 결과에 관하여 이해관계가 있는 사람도 조정담당 판사의 허가를 얻어 조정에 참가할 수 있다. 신청인이 두 번 조정기일에 출석하지 아니하면 조정신청은 취하된 것으로 처리된다. 반대로 피신청인이 출석하지 아니하면 조정담당판사는 상당한 이유가 없는 한 피신청인의 진술을 듣지 아니하고 직권으로 「조정에 갈음하는 결정」을 한다. 당사자들이 조정기일에 출석하면 조정담당판사나 조정장이 이끄는 바에 따라 신청인이 먼저 자기의 주장을 진술하고, 다음에 피신청인이 신청인 주장에 대한 답변을 한다. 조정담당판사나 조정위원회는 당사자 쌍방의 의견을 고루 듣고 당사자가 제시하는 자료를 검토하고 필요한 경우 적당한 방법으로 여러 사실과 증거를 조사하여 쌍방이 납득할수 있는 선에서 합의를 권고하는 등 조정절차를 진행한다.

1-5. 조정의 성립과 불성립

조정기일에 당사자 사이에 합의가 이루어지면 그 내용이 조서에 기재됨으로써 조정이 성립된다. 다만 예외적으로 당사자의 합의내용이 상당하지 아니한 경우에는 조정담당판사(또는 조정위원회)가 합의를 무시하고 조정이 성립되지 아니한 것으로 하여 사건을 종결시키거나 합의내용과 다른 내용으로 조정에 갈음하는 결정을 할 수도 있다. 조정기일에 피신청인이 출석하지 아니한 경우 또는 당사자 쌍방이 출석하였더라도 합의가 성립되지 아니한 경우에는, 조정담당판사(또는 조정위원회)는 상당한 이유가 없는 한 직권으로 「조정에 갈음하는 결정」을 하게 된다. 이는 당사자의 이익 기타 모든 사정을 참작하여 사건의 공평한 해결을 위하여 이른바 강제조정을 할 수 있도록 한 것이다. 이 결정에 대하여 당사자는 그 내용이 기재된 조서정본 또는 결정서 정본을 송달받은 날로부터 2주일 내에 이의신청을 할 수 있고, 이의신청이 있으면 그 결정은 효력을 상실하고, 사건은 자동적으로 소송으로 이행된다. 당사자 쌍방이 2주일 내에 이의신청을 하지 아니하면 그 결정내용대로 조정이 성립된 것과 동일한 효력이 생기게 된다. 사건의 성질상 조정을 함에 적당하지 아니하다고 인정되거나, 당사자가 부당한 목적으로 조정을 신청하였다고 인정되는 경우에는 조정담당판사는 「조정을 하지 아니하는 결정」으로 사건을 종결시킬 수 있다. 당사자 사이에 합의가 이루어지지 아니하고, 직권으로 「조정에 갈음하는 결정」을 하기에도 적절치 못한 사건으로 인정되면 조정담당판사(조정위원회)는 조정이 성립되지 아니한 것으로 사건을 종결시킨다.

1-6. 소송으로의 이행

조정신청을 하였으나 「조정을 하지 아니하는 결정」이 있거나, 조정이 성립되지 아니한 경우 또는 「조정에 갈음하는 결정」에 대하여 당사자가 이의신청을 한 경우에는 당사자가 별도의 신청을 하지 않더라도 그 사건은 자동으로 소송으로 이행되어 소송절차에 의하여 심리판단 된다. 그러나 이처럼 조정이 성사되지 못한 경우라도 신청인에게는 아무런 불이익이 없다. 즉, 조정신청 시에 소가 제기된 것으로 처리되므로 그 때를 기준으로 소멸시효중단 등의 효력이 생기고, 한편 소송으로 이행됨에 따라 추가로 인지를 붙여야 하지만 이때는 처음부터 소를 제기하였다면 소장에 붙였어야 할 금액에서 조정신청을 할 때 이미 납부한 수수료만큼을 공제한 차액만을 붙이면 되므로, 결과적으로 신청인에게는 아무런 손해도 없는 것이다.

1-7. 조정의 효력과 집행

조정이 성립한 경우 또는 조정에 갈음하는 결정에 대하여 이의신청이 없거나 이의신청이 취하된 경우 및 이의신청의 각하 결정이 확정된 경우에는 그 조정 또는 결정은 모두 재판상 화해와 같은 효력이 있다. 따라서 당사자 사이의 분쟁은 판결이 확정된 경우와 마찬가지로 최종적으로 매듭지어지게 된다. 조정이 성립되었거나 조정에 갈음하는 결정이 확정되었는데도 상대방이 그 의무를 이행하지 아니하는 때에는, 확정판결과 마찬가지로 위 조정 또는 결정을 가지고 강제집행을 할 수 있다. 또한 채무의 내용이 금전채무인 경우에는 법원에 채무자의 재산관계의 명시를 요구하는 신청을 하거나 일정한 경우 채무자를 채무불이행자명부에 등재하여 줄 것을 요구하는 신청을 할 수 있다.

일상생활에서 알아두면 편리한

생활법률

가족편

1 약 혼

 남녀 누구든 성인이 되면 자유로이 약혼할 수 있고, 남자 만 18
세, 여자 만 16세 이상이면 부모나 후견인의 동의를 얻어 약혼할
수 있다. 약혼을 했더라도 결혼하고 싶지 않을 때에는 파혼할 뜻을
상대방에게 통보함으로써 파혼 할 수 있다. 만약 잘못 없이 파혼
당한 사람은 상대방에게 물질적, 정신적 손해배상을 청구할 수 있
다. 그리고 자기가 받은 약혼 예물을 돌려주지 않아도 되나 상대방
에게 준 것은 돌려받을 수 있는 경우가 있다. 즉, 약혼 후 자격정지
이상의 형의 선고를 받은 때, 약혼자가 금치산 또는 한정치산의 선
고를 받은 때, 약혼자가 성병, 불치의 정신병 등 불치의 병이 있을
때, 약혼자가 다른 사람과 약혼 또는 혼인한 때, 약혼자가 다른 사
람과 간음한 때, 약혼자의 생사가 1년 이상 분명하지 않은 때, 약혼
자가 정당한 이유 없이 혼인을 거절하거나 미루는 때, 이 밖에 결
혼할 수 없는 중대한 사유가 있을 때 등이 이에 해당한다. 또한 비
록 육체관계를 맺었더라도 상대방이 원하지 않으면 혼인을 강제할
수는 없다. 만약 남자가 혼인할 마음은 없으면서 혼인할 것처럼 속
여서 육체관계를 맺었다고 해도 형사상 혼인빙자간음죄로 고소할
수 없다(위헌판결로 폐지됨).

부모의 동의 없이 남녀 모두 성인이 되면 자유로 혼인할 수 있다. 혼인신고를 해야만 법률상 부부로 인정받을 수 있다. 혼인신고 방식은 혼인신고서를 작성하고 증인 2명의 도장을 받아 여자의 가족관계등록부를 첨부하여 남편의 본적지 또는 주소지에 제출해야 한다. 그러나 남편이 처가에 입적하는 경우는 아내의 본적지나 주소지에 제출해야 한다. 동성동본자 사이의 혼인은 성과 본이 같은 혈족 사이의 남녀도 혼인할 수 있다. 동성동본이면 촌수를 헤아릴 수 없이 먼 사이라도 혼인을 금지하던 것이 1997년 7월 헌법재판소의 '헌법불합치'결정으로 유명무실해졌다. 따라서 8촌 이내의 혈족이나 인척이 아니면 동성동본사이라도 혼인할 수 있다. 유의사항으로 남편 혹은 아내 모르게 부부 일방이 진 빚은 가족들과 먹고 입고 사는 생활비 때문에 빚을 졌을 때에는 한쪽이 비록 몰랐다 하더라도 서로 갚아줄 책임이 있지만, 혼자 낭비하느라고 진 빚이라면 남편 혹은 아내는 이를 갚아줄 책임이 없다. 그리고 부부가 번 재산의 소유는 혼인한 부부가 벌어서 모은 재산은 부부 공동의 재산이다. 단, 결혼 전부터 가지고 있던 재산은 각자의 소유이다. 그리고 부부의 공동 생활비용 부담은 누가 부담할 것인가를 특별히 정하지 않았을 때에는 부부가 함께 부담한다. 즉, 직업이 없는 아내는 가사노동과 가정관리를 담당함으로써 생활비를 공동으로 부담하는 것이 되는 것이다. 혼인으로 인한 친족의 범위는 처가와 외가를 구분하지 않고 8촌까지의 혈족은 모두 친족이 된다. 또 남녀가 혼인함으로써 새로이 생기는 친족관계가 인척인데 4촌 이내의 인척은 모두 친족이 된다.

가. 사실혼 문제

혼인신고 없이 살던 부부가 헤어지려면 결혼식은 올렸으나 혼인신고를 하지 않은 부부를 사실혼 부부라고 한다. 사실혼관계는 법적절차를 따로 밟을 필요 없이 합의하에 또는 상대방에게 일방적으로 통보하여 헤어지면 된다. 그러나 상대방의 잘못으로 헤어지게 되었을 때에는 손해배상을 청구할 수 있다. 상대방의 승낙 없이 일방적으로 혼인신고를 하면 무효이다. 또한 혼인당사자의 의사와는 상관없이 제3자가 한 혼인신고도 무효이다. 이미 혼인신고가 되었으면 혼인무효확인청구를 할 수 있다. 사실혼의 경우는 혼인신고가 없어 법률상 부부로 인정되지 않아 간통죄 고소는 할 수 없다. 그러나 상대방에게 손해배상을 청구할 수는 있다. 만약, 혼인신고 없이 살다가 헤어진 부부의 아이는 어머니의 가족관계등록부에 생모의 이름을 써넣어 혼인 외의 자식으로 등록시킬 수 있다. 만일 아버지의 가족관계등록부에 등록을 희망한다면 인지청구소송을 통해 강제로 아버지의 가족관계등록부에 등록할 수 있다. 단, 아버지, 어머니 가족관계등록부에 모두 올릴 수 없을 경우는 일가창립 하여 단독 가장이 될 수 있다. 사실혼 배우자의 권리는 사실혼 배우자라도 상대방이 공무원, 군인, 사립학교 교원, 선원으로서 사망했을 때 지급되는 유족연금은 받을 수 있다. 그리고 제3자의 불법행위로 인한 손해배상 청구도 가능하다.

나. 이 혼

부부가 이혼하기로 합의하면 가족관계등록부 1통, 주민등록등본 1통, 이혼신고서 3통, 협의이혼 의사확인신청서 1통을 작성하여, 각자의 주민등록증과 도장을 가지고 부부가 함께 본적지 또는 주소지를 관할하는 법원에 가서 판사의 확인을 받은 후 3개월 이내에 남자의 본적지나 주소지에 신고하면 된다. 이혼의사 확인을 받은 후 3개월 이내에 신고하지 않으면 협의이혼은 무효가 되므로 유의하여야 한다. 재판상의 이혼은 다음의 사유가 있는 경우에 법원에 청구할 수 있다. 즉, 배우자에게 부정한 행위가 있을 때, 부부 중 일방이 상대방을 고의로 돌보지 않을 때, 배우자가 그 부모로부터 심히 부당한 대우를 받았을 때, 자기 부모가 배우자로부터 심히 부당한 대우를 받았을 때, 3년 이상 생사불명인 때, 그밖에 혼인을 계속하기 어려운 중대한 사유 있는 경우로 혼인을 계속하기 어려운 사유로 들 수 있는 것은 알코올중독, 도박, 의처증, 범죄행위 및 실형선고, 성적인 불능, 성격파탄, 불치의 정신병, 광적인 신앙 등으로 이로 인해 혼인생활의 계속이 불가능할 정도로 혼인관계가 파탄된 경우를 말한다.

이혼 시 재산처리는 다음과 같다. 먼저, 결혼 후 함께 노력하여 모은 재산은 그 명의가 누구로 되어있든지 서로 협의하여 나누어 가질 수 있다. 단, 협의가 이루어지지 않을 때 법원에 청구하면 각자가 노력한 공로에 따라 분할의 액수와 방법을 정해주게 된다. 이와 같이 이혼한 부부의 일방이 다른 일방에 대하여 재산의 분할을 청구할 수 있는 권리를 재산분할청구권이라 한다. 단, 이 청구는 이혼 후 2년이 넘으면 할 수 없다.

이혼을 할 경우에는 이혼책임이 있는 사람에게 이혼피해자가 자기의 재산상 손해에 대한 배상 외에 정신적 고통에 대한 배상을 청구할 수 있다. 즉 이혼에 있어서의 위자료라 함은 모든 정신적 고통에 대하여 그 이혼에 책임이 있는 사람으로부터 피해자가 배상받는 금전을 말한다. 따라서 상대방 배우자뿐만 아니라 제3자가 이혼에 책임이 있을 경우에는 그 제3자를 상대로 한 위자료의 청구가 가능하다. 상대방의 잘못에 대한 손해배상이나 위자료 청구는 함께 모은 재산에 대한 분할과는 별개의 것이므로 따로 청구할 수 있다.

다. 간통 시 처벌

남편이 간통한 경우 이혼청구와 함께 두 사람을 같이 고소하여야 하며 처벌도 같이 하게 되어 있다. 따라서 상대방 여자만을 처벌할 수는 없다. 단, 1심 확정 후에 항소심 진행 중에 이혼취하 및 간통죄 고소취소 시 남편에 대한 간통죄 고소효력은 제거되고 상대방 여성에 대한 처벌은 유지된다.

라. 이혼 후의 자녀문제

부부가 이혼하면서 협의로 친권자를 정할 수 있고 협의가 안 될 경우에는 법원에 청구하면 남편이나 아내 중 자녀의 복리에 도움이 되는 방향으로 법원이 친권자를 정하여 준다. 그리고 나중에 협의 또는 재판으로 친권자를 변경할 수도 있다. 이혼할 때 부부가 미성년인 자녀의 양육문제를 협의해서 정할 수 있지만 서로 협의가 안 될 때에는 부부 중 어느 한쪽이 법원에 양육자나 양육비 부담 등 양육에 필요한 사항을 정해 달라는 청구를 할 수 있다. 이것은 사정변경이 있는 경우 협의 또는 재판을 통해 변경할 수 있다. 이혼 후 직접 자녀를 기르지 않는 아버지 또는 어머니도 그 자녀를 만나보거나 전화 또는 편지 등을 할 수 있는 면접교섭권을 갖는다. 그러나 이미 인정한 면접교섭권도 자녀의 양육 및 교육상 지장이 있을 경우에는 제한하거나 배제할 수도 있다. 이혼한 여자의 가족관계등록부는 본인의 뜻을 따라 친가로 복적하거나 일가를 창립하여 단독가장이 될 수 있다. 이혼 후 자녀의 가족관계등록부는 아버지 가족관계등록부에 그대로 남아있고 친권자가 어머니인 경우에도 가족관계등록부에 친권자로 기입될 뿐 가족관계등록기록이 어머니에게로 옮겨지는 것이 아니다.

친생자 문제

가. 아내가 낳은 아이가 남편 자식이 아닌 경우

혼인신고 한 법적 부부사이에서 태어난 아이는 일단 남편의 자식으로 인정되어 남편의 가족관계등록부에 올라가지만 다른 남자의 자식인 것이 분명한 때에는 친생부인의 소송을 제기하여 그 가족관계등록부에서 뺄 수 있다. 친생부인의 소는 그 출생을 안 날로부터 2년 이내에 제기하여야 한다(원래 1년을 규정된 사항에 대하여 1997년 3월 27일 헌법재판소에서 헌법불합치 결정이 내려져 개정됨).

나. 남편이 다른 여자와 아이를 낳았을 때

혼인 외 자녀를 처의 자녀로 올린 경우 처나 생모 또는 자녀가 친생자관계 부존재확인청구를 하여 아이의 어머니란의 이름을 생모의 이름으로 고칠 수 있다. 처가 데리고 온 아이를 입적시켜 준 경우 아내가 전남편의 아이를 데리고 왔을 때 자기 자식으로 입적시켜 준 남편은 그 아이가 자기 자식이 아니라는 소송을 제기하여 가족관계등록부에서 뺄 수 있다. 이 소송은 자식이 할 수도 있는데 한쪽이 사망한 때에는 사망을 안 날로부터 2년 이내에만 가능하다.

다. 남의 아이를 친자로 가족관계등록부에 올렸을 때

아이가 없어 남의 아이를 친생자로 가족관계등록부에 올렸으나 빼기를 원할 때에는 부모나 자식 쪽 누구라도 법원에 친생자관계 부존재 확인청구를 할 수 있다. 쌍방이 살아있는 동안은 언제라도 할 수 있고 한쪽이 사망한 때에는 사망을 안 날로부터 1년 이내에 할 수 있 그러나 입양요건을 갖춘 경우 입양임을 주장함으로써 양자로 인정받을 수 있다.

라. 계모와 전처소생 자녀의 법적관계

계모와 전처 소생 자녀의 관계는 본인들이 원하면 입양신고를 통해 모자 사이로 할 수 있고 원하지 않을 경우에는 아버지의 아내로서 인척관계가 된다.

마. 미혼모가 낳은 아이의 가족관계등록부

아버지가 인지하면 아버지의 성과 본을 따라 아버지의 가족관계등록부에 올릴 수 있다. 그러나 아버지의 가족관계등록부에 올릴 수 없는 때에는 어머니의 가족관계등록부에 올릴 수 있다. 이 때 무조건 어머니의 성과 본을 따라야 하는 것이 아니고 아버지의 성과 본을 따를 수 있다. 이 경우 나중에라도 아버지가 인지하거나 소송을 통해 아버지 가족관계등록부에 혼인 외의 자로 등록할 수 있다.

양 자

가. 양자를 입양할 수 있는 사람

성년에 달한 사람은 남자나 여자나, 결혼을 했거나 하지 않았거나, 자식이 있거나 없거나 누구든지 양자를 입양할 수 있다. 입양은 신고를 해야만 법적으로 입양의 효력이 있다. 입양신고서에 해당사항을 기재하고 당사자와 성년자인 증인 2명과 양자의 친부모가 서명 날인하여 양부모의 본적지나 주소지에 신고하면 된다.

나. 양자는 입양 후 성이 바뀌는가

양자로 가더라도 자녀의 성본이 양부의 성과 본으로 바뀌지 않는다. 단, 본인 및 원 부모의 동의하에 성과 본을 바꾸는 것도 가능하다. 참고로 입양 촉진 및 절차에 관한 특례법에 의하여 사회사업기관을 통해 입양할 때는 양친의 성과 본을 따를 수 있다. 전남편 자녀를 재혼한 남편 가족관계등록부에 올릴 수 있는지 여부는 이혼하더라도 전 남편 자녀들의 가족관계등록부를 옮겨올 수는 없고 다만 입양하면 가족관계등록부에 올릴 수 있다.

다. 양자나 양부가 일방적으로 한 입양신고

이러한 경우는 입양 무효확인의 소송을 제기하여 확정판결을 받은 후 1개월 이내에 신고하면 양자는 생가로 가족관계등록부가 되돌아가게 된다. 부부 중 일방이 입양한 양자는 부부는 공동으로 양자를 데려와야 한다. 한쪽이 모르게 입양한 양자는 그 사실을 안 날로부터 6개월 이내에 입양 취소청구를 할 수 있다. 또한 양자로 갈 때에도 서로 동의를 얻어야 한다.

라. 장남이 양자로 갈 수 있나

장남이나 장손은 예외적인 경우에만 양자로 갈 수 있을 뿐 다른 집에는 양자로 갈 수 없었으나 이를 폐지하여 장남이나 장손도 누구에게나 양자로 갈 수 있다. 현행법은 양자를 가더라도 친부모 자녀관계는 유지되므로 친부모의 재산도 상속받을 수 있고 부양의무도 있다.

사망한 사람의 아들·딸과 배우자, 부모·조부모, 형제·자매, 4촌 이내의 방계혈족 순으로 상속받게 된다. 위와 같은 상속인이 없을 때는 사망자와 최후까지 생계를 같이 하고 있던 사람(예를 들면 사실혼의 배우자)이나, 그를 요양·간호한 사람, 그밖에 특별한 연고가 있던 사람도 재산을 상속할 수 있다. 호주상속을 하는 맏아들이나 시집간 딸이나 차별이 없이 아들·딸은 모두 똑같은 몫을 받는다. 다만 사망자의 배우자인 남편이나 아내는 자녀 각자의 몫보다 50%를 더 받는다. 만약 자녀 없이 죽은 딸이 있다면 재산처리는 전에는 아들이 자녀 없이 죽으면 부모는 며느리와 공동으로 아들의 재산을 상속받지만 딸이 자녀 없이 죽었을 때 친정부모는 상속을 받지 못하고 사위가 딸의 전 재산을 상속받게 되어 있었다. 현행법에서는 이를 고쳐 자녀 없이 죽은 딸의 재산을 친정부모도 사위와 공동으로 상속받게 하였다. 이 때 며느리나 사위는 시부모나 장인·장모보다 50%를 더 받을 수 있다. 그리고 공동 상속인 중에서 사망자의 재산을 유지하거나 증가시키는데 특별히 기여한 사람은 자기 고유의 상속 몫에 그 공로의 몫만큼을 더 받을 수 있다. 이 때 그 몫에 대해 상속인끼리 협의가 안 되면 법원에서 특별기여의 시기와 방법 또는 기여의 정도 그리고 그밖에 여러 가지 사정을 고려하여 기여분을 정해준다.

　만 17세 이상이면 누구나 자유롭게 유언을 할 수 있다. 그 방식은 법률이 정한대로 해야만 법적효력이 있다. 자필증서, 녹음, 공정증서, 비밀증서, 구수증서의 5가지이다. 유언의 내용은 재산의 증여, 재단법인의 설립, 인지, 친생부인의 소, 후견인 지정, 상속재산 분할방법의 지정 또는 위탁, 상속재산분할금지, 유언집행자의 지정 또는 위탁, 신탁 등에 한한다. 그리고 유언은 유언자가 사망한 후에 효력이 발생되므로 본인이 살아있는 한 언제라도 유언의 전부 또는 일부를 철회할 수 있고, 내용이 다른 유언을 새로이 하면 먼저 한 유언은 효력이 없어진다. 또한, 전 재산을 제3자에게 준다고 유언을 할 경우를 대비하여 1979년부터 유류분제도를 신설하였다. 이제도는 유언으로도 마음대로 처분할 수 없는 일정한 몫을 가족을 위하여 남기게 한 것으로 자녀와 배우자는 법정 상속 몫의 2분의 1, 부모와 형제자매는 3분의 1을 반환받을 수 있다. 따라서 아내와 자녀 등 법정상속인은 제3자에게 법정 상속 몫의 2분의 1을 반환청구 할 수 있다. 유류분의 반환시기는 유언자가 사망한 사실과 제3자에게 유언으로 재산을 준 것을 안 날로부터 1년 이내에 할 수 있다. 그러나 사망한 지 10년이 넘으면 청구를 할 수 없다.

기 타

가. 동성동본간의 혼인

헌법재판소의 동성동본 금혼조항(민법 제809조제1항)에 대한 헌법불합치결정에 의하여 동성동본인 혈족 간에도 혼인할 수 있다. 다만 동성동본인 남녀가 직계혈족, 8촌 이내의 방계혈족 및 그 배우자인 친족관계가 있거나 있었던 때 또는 직계인척, 남편의 8촌 이내의 혈족인 인척관계가 있거나 있었던 때에는 그 혼인이 무효가되므로, 무효혼이 아님을 소명하는 자료로서 가족관계등록부 또는 제적등본, 족보사본, 부모 또는 8촌 이내의 혈족이나 4촌 이내의 혈족이나 4촌 이내의 인척인 성년자 1인이 작성한 확인서 또는그 외의 성년자 2인 이상이 연서한 확인서 중 하나의 서면을 혼인신고서에 첨부하여야 한다.

나. 친생자의 인지

사생아는 아버지가 스스로 자기 아들임을 인지하여 신고하면가족관계 등록부에 등록이 된다. 그러나 아버지가 인지를 해주지아니하면 아버지를 상대로 인지재판청구를 하여 인지를 받을 수가있다. 인지청구가 기각되면 새로운 일가창립이 가능하다.

다. 호주제도 폐지

호주제도는 2005년 헌법재판소 헌법불합치 결정으로 인하여 2007년 폐지되었고, 현재는 가족관계 등록에 관한 법률에 의하여 가족 및 양자제도가 운용 중에 있다. 가족관계등록부의 기록사항은 다음과 같다. 우선, 가족관계증명서로 본인의 등록기준지, 성명, 성별, 본, 출생연월일 및 주민등록번호, 둘째, 부모의 성명, 성별, 본, 출생연월일 및 주민등록번호(입양의 경우 양부모를 부모로 기록한다. 다만, 단독입양한 양부가 친생모와 혼인관계에 있는 때에는 양부와 친생모를, 단독입양 한 양모가 친생부와 혼인관계에 있는 때에는 양모와 친생부를 각각 부모로 기록한다), 셋째로, 배우자, 자녀의 성명, 성별, 본, 출생연월일 및 주민등록번호가 있다. 기본증명서로는 첫째, 본인의 등록기준지, 성, 성별, 본, 출생연월일 및 주민등록번호, 둘째로, 본인의 출생, 사망, 국적상실, 취득 및 회복 등에 관한 사항이 있으며, 혼인관계증명서로 본인과 배우자의 등록기준지, 성명, 성별, 본, 출생연월일 및 주민등록번호와 혼인 및 이혼에 관한 사항이 있다. 입양관계증명서로는 본인 및 친생부모, 양부모 또는 양자의 등록기준지, 성명, 성별, 본, 출생연월일 및 주민등록번호와 입양 및 파양에 관한 사항이 있고, 친양자입양관계증명서로 본인 및 친생부모, 양부모 또는 친양자의 등록기준지, 성명, 성별, 본, 출생연월일 및 주민등록번호와 입양 및 파양에 관한 사항을 기록하고 있다.

일상생활에서 알아두면 편리한
생활법률

노동편

노 동

1-1. 최저임금제도란

근로자의 최소한의 생계보호를 위하여 최저임금위원회의 심의·의결을 거쳐 노동부장관이 매년 일정 수준의 최저임금을 정하고 기업주로 하여금 동 금액 이상의 임금을 지급하도록 법으로 강제하는 제도이다. 그러므로 최저임금제가 시행되면 기업주가 근로자와 합의하여 최저임금액 보다 낮은 임금을 지급한다고 정하더라도 그것은 당연히 무효가 되며, 이 경우에는 최저임금액을 지급해야 한다. 이 제도는 근로자를 사용하는 모든 사업 또는 사업장에 적용된다. 상용근로자 뿐만 아니라 임시근로자나, 일용근로자, 시간제근로자 등 모든 근로자에게 적용된다. 18세 미만의 연소근로자에게는 취업기간이 6개월이 될 때까지 시간급 최저금액의 일정비율을 지급할 수 있도록 하고 있다. 다음과 같은 근로자에 대해서는 노동부장관의 사전인가를 받아 최저임금을 지급하지 않을 수 있다(인가신청서를 관할 지방 노동관서에 제출). 정신 또는 신체의 장애로 근로능력이 현저히 낮은 자, 수습사용 중에 있는 자, 사업 내 직업훈련 중 양성훈련을 받는 자, 감시 또는 단속적으로 근로에 종사하는 자(수위, 경비원, 자가용운전기사, 보일러공 등) 등이다.

1-2. 최저임금은 얼마나 되나

최저임금은 먼저 노동부장관이 최저 임금위원회에 심의를 요청하고, 근로자대표, 사용자대표, 공익대표로 구성된 최저임금 심의위원회에서 근로자의 생계비, 유사근로자의 임금수준, 노동생산성 등을 고려하여 최저임금안을 심의하고 이를 노동부장관이 최종 확정하여 고시하게 된다.

1-3. 체불임금이란

임금이라 함은 근로자가 근로의 대가로 받는 임금, 봉급 등 일체의 금품을 말하며 근로의 대가가 아니고 사용자가 은혜적, 일시적 또는 복지후생적으로 지급하는 것은 임금이 아니다. 사용자는 약정된 임금을 매월 1회 이상 날짜를 정하여 근로자에게 통화로 그 전액을 직접 지급하여야 하는데 정하여진 시기에 임금을 지급하지 못하는 경우를 임금이 체불되었다고 한다.

1-4. 퇴직금이란

상시 고용근로자가 5명 이상인 사업 또는 사업장의 사용자는 1년 이상 계속하여 근로한 근로자가 퇴직하는 경우에 계속 근로년수 1년에 대하여 평균임금의 30일분 이상의 퇴직금을 지급하도록 되어 있다. 그러므로 1년 이내에 퇴직한 경우와 상시고용근로자수가 5인 미만인 사업장에서는 퇴직금을 지급받을 수 없다. 근로자가 사망 또는 퇴직한 경우에 사용자는 그 지급사유가 발생한 때로부터 14일 이내에 임금, 보상금, 기타 일체의 금품을 지급하여야 한다. 다만, 특별한 사정이 있어 사용자와 근로자간에 합의가 있을 때에는 그 지급기일을 연장할 수 있다.

만약 임금이나 퇴직금을 지급받지 못하였을 때는 해당 사업장을 관할하고 있는 지방노동관서(근로감독과)에 신고하게 되면 근로감독관이 그 사실을 확인 후 사용자에게 기한을 정하여 임금이나 퇴직금을 지급하도록 하고, 그럼에도 사용자가 계속 임금, 퇴직금 등을 지급치 않을 경우 사용자는 근로기준법 위반으로 형사처벌을 받게 된다.

그러나 기업의 도산 등으로 임금이나 퇴직금을 못 받게 된 경우는 다음과 같다. 1998년 7월부터 임금채권보장법에 따라 국가가 사업주를 대신하여 임금이나 퇴직금의 일부를 지급하고 있다. 신청요건은 상시근로자 1인 이상의 사업장(1년 이상 당해사업을 행한 기업에 한함)에 근무하다가 퇴직한 자로서 도산 등 사실인정신청은 퇴직한 날로부터 6개월 이내에 하여야 하며, 도산 등 사실 인정이 있는 경우와 회사정리법·파산법·화의법에 의한 회사정리절차가 진행 중인 경우에는 당해 기업에 대한 파산신청, 화의개시신청 또는 정리절차개시 신청일 및 도산 등 사실인정신청 6월전이 되는 날 이후 2년 이내에 그 기업에서 퇴직한 경우이다. 지급요건은 기업이 도산하였으나 회사정리절차가 이루어지지 않는 경우에는 지방노동관서(근로감독과)에서 도산 확인을 받아야 하며, 회사정리절차가 진행 중인 경우에는 파산선고, 화의개시결정 또는 정리절차개시의 결정이 있는 경우 최종 3월분의 임금 및 최종 3년간의 퇴직금의 범위 내에서 지급받을 수 있다.

1-5. 민사소송절차를 통한 해결

임금체불로 사용자가 형사처벌을 받았음에도 체불임금을 받지 못한 근로자 등은 민사소송을 통하여 체불임금을 받을 수밖에 없는데, 이 경우에는 법률구조제도를 이용하면 좋다. 현행 근로기준법은 근로자의 최종 3개월분의 임금이나 최종 3년간의 퇴직금 및 재해보상금은 사용자의 총재산에 대하여 질권 또는 저당권에 의하여 담보된 채권, 조세, 공과금 및 다른 채권에 우선하여 변제되어야 한다고 규정하고 있다. 즉, 근로자들의 임금채권을 우선하여 변제해줌으로써 근로자들의 생계를 보호하려는 것이다. 근로자의 임금, 채권 등이 우선 변제권을 갖는다 하여도 권리범위를 확정짓고 집행절차를 진행해 나가려면 먼저 관할 지방노동관서의 협조를 얻어 무공탁으로 사업주의 일반재산에 대한 가압류를 하고 본안소송절차를 거쳐 압류를 한 뒤 강제집행을 하여야 한다. 그런데 현행 민사소송법 중 강제집행절차 규정에 의하면 우선변제청구권이 있는 채권자는 곧바로 배당요구절차를 밟을 수 있으므로, 다른 채권자들이 이미 강제집행절차를 밟고 있다면 별도로 가압류 등의 조치를 거칠 필요 없이 바로 법정기한 내에 배당요구를 함으로써 권리를 확보할 수 있다.

1-6. 산재보험제도란

근로자가 사업장에서 일을 하다가 부상·질병·신체장해를 입거나 사망한 경우 국가가 신속하게 치료와 보상을 해줌으로써 재해를 당한 근로자와 가족을 보호하고, 사업주로서도 일시에 많은 비용을 부담하지 않게 함으로써 정상적인 기업활동을 보장하는 사회보험을 말한다. 산재보험은 근로자를 사용하는 모든 사업에 적용되는 것이 원칙이나, 사업의 위험률·규모 및 사업장소 등을 참작하여 일부업종과 일정규모 이하의 사업은 가입하지 않아도 된다. 2000년 7월 1일부터는 산재보험적용 대상을 확대하여 그간 산재보험이 적용되지 않아 적절한 보상 방법이 없었던 상시근로자 1인 이상~5인 미만 사업, 국제 및 기타 외국기관, 공공·사회 및 개인서비스업종 중 회원단체 근로자도 산재보험 혜택을 받게 된다. 한편, 공무원연금법, 군인연금법, 선원법, 사립학교 교원연금법에 의하여 재해보상이 행하여지는 사업, 건설공사 중 총공사금액이 2천만 원 미만인 공사 또는 주택건설촉진법에 의한 주택사업자 또는 건설산업기본법에 의한 건설업자가 아닌 자가 시공하는 공사로서 일정면적 이하인 건축물의 건축 또는 대수선에 관한 공사, 가사서비스업, 근로자를 단속적으로 사용하여 상시근로자의 수가 1인 이상이 되지 아니하는 사업, 농업·임업(벌목업 제외)·어업·수렵업 중 상시 5인 미만의 근로자를 사용하는 사업은 산재보험에 가입하지 않아도 된다. 산재보험가입은 사업주가 하며 가입대상이 되는 날로부터 14일 이내에 의무적으로 신고를 해야 하고 70일 이내에 보험료를 신고 납부하여야 한다.

1-7. 산업재해를 당한 경우 보험금을 어떻게 받는가

산재보험 가입의무가 있는 사업장 소속 근로자가 업무상 재해를 당한 경우 근로자는 근로복지공단에 요양신청서를 제출하여 업무상재해임을 인정받아야 산재보험법상 보험급여 혜택을 받을 수 있다. 요양신청서는 산재보험 가입의무가 있는 사업주가 가입하지 않은 경우, 근로자가 퇴직한 경우, 사업장이 폐업된 경우에도 업무상 재해에 해당되면 제출할 수 있으며, 근로자의 과실에 의해 재해가 발생했더라도 역시 보험급여가 지급된다. 요양신청서는 치료기관의 진단내용, 재해경위, 사업주의 확인을 받아서 제출하여야 하나, 사업주가 이러한 확인을 거부하더라도 신청서는 접수되며 이 경우 근로복지공단에서 직권으로 조사하여 업무상 재해여부를 판정하고 그 결과에 따라 보험급여가 지급된다.

1-8. 어떤 경우를 업무상 재해로 볼 수 있나

산재보험급여를 받기 위해서는 업무로 인해 근로자가 부상·질병·신체장해를 입거나 사망한 경우이다. 즉, 업무와 재해간에 상당한 인과관계가 있어야 하는데, 이는 사고가 발생한 경위와 작업환경 등 구체적인 사실관계를 기준으로 판단된다. 업무상 재해와 관련된 대법원 판례를 소개하면 다음과 같다. 「사업상 판매촉진을 위한 접대행위 중 술을 마시다가 사망한 경우 또는 출장 중의 사고는 원칙적으로 업무상 재해로 인정된다.」 그러나 출장 중의 행위가 출장에 통상 수반되는 범위의 행위가 아닌 자의적 행위나 개인적 행위인 경우에는 업무에 기인한 것이 아니므로 업무상 재해로 인정되지 않는다. 원래 있던 질병이 직무상 과로로 악화되었다든지, 새로운 질병이 생겼다든지, 사망에까지 이르게 된 경우에는 업무상 재해로 보상을 받을 수 있다. 따라서 평소 난청이라도 작업환경으로 악화되면 보상받을 수 있고, 평소 혈압이 높았다 하더라도 피로가 겹쳐 사망에 이르면 보상을 받을 수 있다. 그러나 업무수행중이라 하더라도 근로자의 작업시간, 작업내용, 작업환경, 작업량 등에 비추어 업무상 충격에 의하지 아니한 재해는 업무상 재해라고 볼 수 없어 보상을 받을 수 없다. 참고로 법원에서는 과거에는 인정하지 않던 경우도 점차 업무상 재해로 인정해주고 있는 추세라는 점을 알아 둘 필요가 있다.

1-9. 어떤 혜택을 받게 되나

근로자가 사업장에서 일을 하다가 업무상 재해를 당할 경우에는 다음과 같은 보상을 하여 준다. 근로자가 업무상 부상을 당하거나 질병에 걸려 일정기간 치료를 받아야 할 경우 완치되거나 더 이상의 치료효과를 기대할 수 없을 때까지 치료를 하여준다. 또한 치료기간 동안 재해근로자의 평균임금의 70%에 해당하는 금액을 지급한다. 그리고 2년 이상 치료를 계속하여도 완치되지 않고 폐질등급이 1~3급에 해당하는 경우에는 그 등급에 따라 휴업급여 대신 평균임금의 일정금액을 지급한다. 만약 치료 후 신체에 장해가 남았을 때에는 그 장해정도(1~14급)에 따라 장해급여를 지급하는데 일시금이나 또는 연금으로 지급한다. 또한 치료 종결후 장해상태가 1~2급에 해당되어 상시 또는 수시간병이 필요한 자에게는 노동부장관이 고시하는 기준에 의한 간병급여를 매월 근로자에게 지급한다. 그리고 근로자가 사망한 때에는 유족연금을 원칙으로 지급하고 연금수급권자의 수에 따라 해당하는 유족보상연금을 지급받을 수 있다. 그러나 외국인근로자 또는 연금수급 대상자가 없는 경우에는 일시금 지급도 가능하다. 장의비 근로자가 사망하여 장례를 행한 경우 장례를 치른 자에게 장례비로 일정금액을 지급한다.

1-10. 보험금을 청구하는 방법은

보험금은 재해를 당한 근로자나 사망 근로자의 유족의 청구에 의하여 지급된다. 우선 청구서에 사업주와 의료기관의 확인을 받아 근로복지공단 해당 지역본부나 지사에 제출하여야 한다. 이때 사업주는 각종 신청서 또는 청구서에 해당 근로자의 근로계약관계, 고용종속관계, 재해발생상황, 임금관계 등을 확인하여야 하며, 의료기관에서는 상병상태, 요양기간, 장해정도, 사망원인 등에 대하여 확인한다. 청구서를 받은 근로복지공단은 보험급여의 지급여부, 지급내용 등을 청구인에게 알려주고 지급결정일로부터 14일 이내에 지급한다. 보험급여는 요양급여를 제외하고는 재해 근로자의 평균임금을 기초로 하여 지급된다.

1-11. 사업주가 산재보험에 가입하지 않은 경우에는

산재보험은 일반보험처럼 사업주 마음대로 가입여부를 결정하는 것이 아니라 법에서 정하고 있는 일정요건에 해당되면 자동적으로 보험에 가입하게 된다. 따라서 소속 사업장이 법에서 정하고 있는 보험가입 사업장에 해당되면 사업주가 가입신고를 하지 않았더라도 근로자는 산재보험 혜택을 받을 수 있다. 한편, 소속사업장이 산재보험법의 적용대상이 아니더라도 재해근로자는 근로기준법에 따라 사용자로부터 재해보상을 받을 수 있고, 사용자가 이를 보상치 않으면 지방노동관서(근로감독과)에 그 사실을 신고함으로써 보상을 받을 수 있다. 참고로, 사업주는 자기 사업장이 산재보험 가입에 해당되면 반드시 그날로부터 14일 이내에 관할 근로복지공단지사 또는 지역본부에 신고서(성립신고서)를 제출하여야 한다. 만약 성립신고를 하지 않고 있다가 재해가 발생하면 해당 사업주는 근로복지공단이 재해근로자에게 지급한 보상금의 일정금액을 추가납부 하여야 하는 불이익을 받게 된다.

1-12. 근로기준법상 재해보상청구권 및 민법상 손해배상청구권과의 관계

산재보험에 당연히 가입되는 사업장을 제외한 사업장에서 재해를 당한 근로자는 근로기준법에 따라 사업주를 상대로 재해보상 청구권을 행사할 수 있다. 또한 사업주의 고의, 과실이 인정되어 민법상 불법행위로 인한 손해배상청구권이 인정될 경우에는 재해근로자가 비록 산재보험법에 의한 보상을 받을 수 있다 하더라도 이와 별도로 배상청구권을 행사할 수 있다. 다만, 재해근로자가 민사상손해배상을 청구할 경우에는 사용자측의 고의, 과실이 인정되어야 하며, 근로자 본인의 과실도 있는 경우에는 과실의 비율에 따라 손해배상금액이 달라진다. 손해배상청구는 사고발생일로부터 3년 내에 하여야 한다. 한편, 재해근로자가 현실적으로 민법상 손해배상을 받든지 산재보험법상 보상을 받은 경우 또는 사업주로부터 일부보상을 받은 경우에는 이미 지급받은 부분은 또다시 중복하여 청구할 수 없다. 산재보험금은 재산상 손해를 배상함에 그치므로 위자료는 별도로 청구할 수 있으며, 당사자끼리 합의한 부분은 원칙적으로 산재보험금을 청구할 수 없다. 따라서 손해배상 청구소송 중 법정 화해 부분에 대해서는 산재보험급여를 청구할 수 없다. 한 가지 유의할 것은 업무상 재해에 대하여는 의료보험으로 처리할 수 없으며, 산재보험으로 처리하는 것이 나중에 민사소송을 제기하여 손해배상을 청구할 때도 유리하다는 것이다. 또 이미 의료보험으로 처리되고 있는 경우라도 업무상 재해일 경우에는 산재보험으로 처리할 수 있으며, 기업주가 의료보험처리를 주장하더라도 업무상 재해일 경우에는 재해근로자가 직접 근로복

지공단에 요양신청서를 제출하거나 그러한 사실을 진정하면 쉽게
해결이 된다.

1-13. 고용보험제란

실직근로자에게 실업급여를 지급하는 전통적 의미의 실업보험
사업 외에 적극적인 취업알선을 통한 재취업의 촉진과 근로자의 실
업예방, 고용촉진을 위한 고용안정사업, 근로자의 생애 직업능력개
발사업을 상호연계하여 실시하는 사회보장제도로 종합적인 고용정
책 수단이다. 고용보험제는 원칙적으로 근로자가 1인 이상인 모든
사업장에 적용되나 상시근로자 4인 이하의 농업·임업·어업·수렵
업과 공사금액이 3억 4천만 원 미만인 건설공사 등에는 적용되지
않는다. 또한 상용근로자는 물론 시간제·임시직 근로자도 적용이
되는데, 다만 근로시간이 월 일정시간 미만인 시간제 근로자와 1개
월 미만동안 고용되는 일용직 근로자, 국가공무원법 또는 지방공
무원법에 의한 공무원, 고령자, 사립학교교원연금법의 적용을 받는
자, 국가 또는 지방자치단체가 실업자의 고용 및 생활안정을 위하
여 직접 행하는 사업으로서 실업자에게 일시적으로 일자리를 제
공하는 사업에 종사하는 자, 선원법에 의한 선원 등에는 적용되지
않는다.

고용보험료는 세 가지 사업별로 구분하여 부과하는데, 실업급여

보험료는 임금총액의 일정금액을 사업주와 근로자가 각각 50%씩 부담하고, 고용안정사업 보험료와 직업능력개발사업 보험료는 사업주가 전액 부담한다. 따라서 근로자는 임금총액의 일정금액, 사업주는 기업규모에 따라 일정비율의 고용보험료를 내야 한다. 사업주는 매년 1월 1일부터 70일 이내에 전년도 보험료를 확정·정산하고 당해년도분의 개산보험료를 보고·납부하여야 한다. 사업주는 고용안정사업과 직업능력 개발사업을 통하여 각종 지원금과 장려금을 받을 수 있다. 기업의 구조조정과정에서 감원이 불가피함에도 감원하지 않고 근로시간단축, 휴업, 훈련, 사외파견, 휴직, 인력재배치 등의 방법으로 고용을 유지하는 사업주에게는 고용유지 지원금을 지원한다. 지원수준은 고용유지조치 기간 동안 사업주가 근로자에게 지급한 임금의 2/3(대규모기업 1/2)와 훈련비를 180일 범위 내에서(인력재배치는 1년) 지급한다. 다만, 근로시간단축은 단축 전 평균임금의 1/10(대규모기업 1/15)을 지급한다.

그리고 55세 이상 근로자를 고용하거나 새로이 채용하는 경우 및 45~60세인 자를 재고용하는 경우에는 고령자 고용촉진 장려금을 지원하고 근로자에게 육아휴직을 1개월 이상 부여한 경우, 임신·출산 등의 사유로 퇴직한 여성근로자를 재고용하는 경우, 여성실업자 중 부양가족이 있는 세대주 또는 부양가족의 책임이 있는 자를 새로이 고용하는 경우에는 여성고용 촉진장려금을 지급한다. 직장보육시설을 설치·운영하는 경우에는 보육교사 1인당 일정액의 지원금을 지급받을 수 있으며, 직장보육시설을 설치하고자 하는 사업주 또는 사업주단체는 연단위 비율에 따른 금액, 3억 원의 한도 내에서 직장보육시설 설치 비용을 융자받을 수 있다.

근로자가 직장을 구할 때에는 고용보험 전산망을 통하여 전국적인 구인정보 및 인력수급정보를 알선·제공받을 수 있고 적성검사나 직업상담도 받을 수 있다. 직장생활 중에는 근로자의 능력개발을 위하여 이직예정인 피보험자 또는 고령자가 실직에 대비하여 재취업에 필요한 교육훈련을 받을 경우 수강비용 전액을 지원하며, 기능대학 또는 전문대학 이상의 교육기관에 입학하거나 재학 중인 근로자에게는 등록금신청액 전액을 장기저리로 대부하며, 실업자 재취직훈련을 실시하는 경우 훈련비용과 훈련수당을 지원하고 있다. 실직자에게는 구직급여와 취직촉진수당 등 실업급여를 지급한다.

1-14. 실업급여

실업급여는 구직급여와 취직촉진수당으로 구분된다. 구직급여는 이직일 이전 18개월간에 180일 이상 고용보험에 가입하여야 지급되며 정당한 이유 없이 직장을 스스로 그만 둔 경우나 중대한 자신의 귀책사유에 의해 해고되는 경우에는 구직급여가 지급되지 않는다. 그러나 자기사정으로 이직하는 경우에도 사실상 기업의 인원감축방침 등에 따라 이직한 경우, 실제근로조건이 채용조건과 현저히 다른 경우 등 정당한 사유가 인정되면 구직급여를 지급한다. 또한 구직급여를 지급받으려면 이직 후 지체 없이 지방노동관서에 출석하여 구직신청 및 수급자격 인정 신청을 하고 매 2주마다 정기적으로 지방노동관서에 직접 와서 자신의 적극적인 구직활동을 입증하여야 한다.

구직급여는 이직 전 임금의 50%를 피보험기간과 이직일 현재의 연령에 따라 90~240일 지급하며 지방노동 관서에서 지시하는 대로 직업훈련이나 교육훈련의 수강을 받는 경우에는 최대 2년까지 연장하여 지급할 수 있다. 구직급여액이 지나치게 높거나 낮은 문제를 방지하기 위해 1일 일정금액을 지급하며, 구직급여액의 최저액은 최저임금의 일정요율을 지급한다. 취직촉진수당 중 조기재취직수당은 구직급여를 받을 수 있는 기간이 1/2 이상 남았음에도 재취직한 경우 구직급여 미지급분의 1/2을 지급하며, 직업능력개발수당은 1일 일정금액, 광역구직활동비는 운임(교통수단별) 및 숙박료를 지급한다.

1-15. 건강보험제도

건강보험제도란 언제 어느 때 닥칠지 모르는 질병이나 부상에 대비하여 서로가 평소에 조금씩 보험료를 납부하여 공동으로 모아 두었다가 자신이나 이웃 또는 가족들이 병이 났을 때 사용함으로써 의료비문제를 해결하고 국민의 건강과 가계를 보호하며 나아가 개인의 책임이 아닌 사회공동 연대책임을 통하여 소득재분배와 위험분산의 효과를 거둘 뿐만 아니라 사회적 연대를 강화하여 국민통합을 이루는 사회보장 제도이다. 건강보험은 교육보험이나 생명보험과 같은 일반 사보험과는 달리 정부가 법에 의하여 국민복지를 증진시키고자 실시하는 제도이기 때문에 법률이 정하는 일정한 요건에 해당하는 사람은 누구나 의무적으로 가입하여야 한다. 보험료는 모든 사람이 똑같이 부담하는 것이 아니라 부담능력에 따라 차등 부담한다. 보험료를 얼마나 부담했느냐와는 상관없이 질병이나 부상 등이 발생된 때 누구나 똑같이 보험급여를 받는다. 건강보험은 법에 의하여 의무적으로 적용되는 것이므로 보험료는 매월 내야하며 보험료를 일정기간 안 낼 경우에는 법에 의하여 보험료를 강제 징수하게 된다.

건강보험의 적용대상자는 가입자 자신과 가입자에 의하여 주로 생계를 유지하는 피부양자로 이루어지며, 의료보호대상자를 제외한 모든 국민이 건강보험의 적용대상이 된다. 직장가입자(5인 이상 사업장 근로자 및 그 사용자, 공무원 및 교직원으로 임용 또는 채용된 자) 지역가입자가 적용대상이다.

건강보험 자격취득 및 상실은 먼저 자격 취득은 건강보험 적용사업장에 사용된 날, 공무원으로 임용된 날(선거에 의하여 취임하는 공무원은 그 임기가 개시된 날), 교직원으로 임용(또는 채용)된 날, 직장가 입자의 피부양자이었던 자가 그 자격을 잃은 날, 의료보호대상이 었던 자가 그 대상자에서 제외된 날, 유공자등 의료보호대상자로 서 건강보험의 적용을 보험자에게 신청한 자는 그 신청한 날, 출생 한 날, 주민(재)등록일, 국적취득일, 외국인은 외국인등록일(본인이 원 할 경우)이며, 자격 상실은 사망한 때, 국적을 상실한 때, 사용관계가 종료된 때, 의료보호대상자가 된 때, 국가유공자 예우 등에 관한 법률에 의한 의료보호를 받게 된 자로서 의료보험의 적용을 받지 아니하게 된 때, 국내에 거주하지 아니하게 된 때, 주민등록 말소된 때, 외국인이 국외로 출국한 때에 해당한다.

1-16. 보험급여

보험급여의 종류는 현물급여로 요양급여(가입자 또는 피부양자의 질 병·부상, 출산 등에 대한 급여로서 급여의 내용은 진찰, 약제 또는 치료재료의 지급, 처치, 수술, 기타의 치료, 의료시설에의 수용, 간호 및 이송 등이 있다), 건 강검진(가입자·피부양자에 대한 질병의 조기 발견과 이에 따른 요양급여), 현 금급여로 요양비(가입자 또는 피부양자가 긴급·기타 부득이한 사유로 인하 여 요양기관과 유사한 기능을 수행하는 기관에서 질병·부상·출산 등에 대하여 요양을 받은 경우 그 요양급여에 상당하는 금액을 지급), 장애인보장구에 대 한 보험급여(장애인복지법에 의한 등록장애인이 필수보장구를 구입하는 경우에는 요양급여에 상당하는 금액을 현금으로 지급), **본인부담액보상금**(가입자 또는 피부양자가 보험급여를 받고 요양기관에 지급한 건강보험 요양급여비용중 매 30일간의 본인부담액이 일정금액을 초과한 경우에 그 초과한 금액의 100분의 50을 현금으로 지급), **장제비**(가입자 또는 피부양자가 사망한 때에는 그 장제를 행한 자에게)의 일정금액(사망자가 가입자·피부양자여부를 불문함)을 지급한다.

국민연금제도란 국민들이 젊고 건강하게 일하여 소득이 있는 동안 조금씩 돈을 내어 공동의 기금을 만들어 두었다가 그들이 나이가 들어 은퇴하거나 혹은 그 전에라도 병들고 다쳐 소득능력을 잃었거나 사망할 경우 본인 또는 그 가족이 일정액의 연금을 받아 안정된 생활을 꾸려갈 수 있도록 국가가 실시하는 소득보장제도이다. 국민연금의 가입대상은 18세 이상 60세 미만의 국민으로서 5인 이상 사업장근로자(사업장가입자)와 1995년 7월 1일부터 확대 실시한 농어민·군지역 자영자(지역가입자) 및 1999년 4월 1일부터 도시지역 주민에게도 전면적으로 확대 적용됨에 따라 모든 국민이 국민연금에 가입하여 전국민연금시대가 열리게 되었다.

국민연금의 가입자격은 사업장가입자가 사업장에 근로한 날부터, 지역가입자는 사업가입자가 아닌 18세 이상 60세 미만인 자로서 소득이 있게 된 때, 임의(계속)가입자는 가입 신청이 수리된 날부터 자격을 취득하게 된다. 사업장 근로자는 소득 중 일정비율에 해당하는 보험료를 사용자와 함께 매월 납부하게 된다. 보험료율은 1988년부터 3%로서 사용자와 근로자가 각각 1.5%씩 부담하고 1993년부터 6%로서 근로자·사용자·퇴직금전환금에서 각각 2%, 98년부터 9%로서 근로자·사용자·퇴직금전환금에서 각각 3%를 부담한다. 그리고 1999년 4월 이후에는 보험료율이 9%로서 퇴직금 전환금제도가 폐지되고 근로자와 사용자가 각각 4.5%씩 부담하게 되었다. 사업장임의계속가입자는 본인이 소득의 9%를 전액 부담하여야 한다. 지역가입자 및 임의가입자는 보험료 전액을 본인이 부담하게 되는데 2000년 6월까지 소득의 3%, 2000년 7월부터 매년 1%씩 증가하여 2005년 7월부터는 9%를 보험료로 납부하게 되었다. 그리고 농어민에게는 표준소득월액의 최저등급에 해당하는 연금보험료의 1/3을 정액(월 2,940원)으로 2004년 12월 31일까지 농어촌 발전을 위한 농특세 재원에서 지원해 주고 있다. 임의 가입자는 전체가입자중 중위수(표준소득월액 23등급인 106만 원)이상 소득에 해당하는 보험료율로 납부하게 된다.

국민연금 보험료는 매월분을 다음달 10일까지 전국의 모든 금융기관, 농·수협중앙회 및 단위조합, 우체국 어디에서나 납부할 수 있다. 지역가입자의 경우 납부 편의를 위해 분기납, 선납 및 자동이체제도를 이용할 수도 있다. 선납할 경우 1년을 단위로 정기예금이자율을 적용하여 연금보험료를 감액하여 주고, 자동이체제도를 이용할 경우 고지서 발송비용 절감분을 돌려 줄 계획에 있다.

연금급여는 일정기간 동안 국민연금에 가입한 사람이 늙거나 다치거나 사망 등으로 소득이 중단, 상실, 감퇴되었을 때 본인 또는 그 가족이 연금을 받아 생활할 수 있게 되며 연금의 종류는 노령연금, 장애연금, 유족연금, 일시금(반환, 사망) 및 특례노령연금제도가 있다. 완전노령연금은 20년 이상 가입하고 60세가 되었을 때 지급되며 연령, 가입기간 및 소득유무에 따라 감액노령연금, 조기노령연금 및 재직자노령연금을 지급하며, 나이가 들어 최소가입기간을 충족할 수 없는 사람에게 5년 이상만 가입하여도 특례노령연금을 지급하게 된다. 장애연금은 가입 중에 발생한 질병 또는 부상으로 인하여 신체, 정신상의 장애가 있는 경우 장애가 존속하는 동안 장애등급에 따라 지급되며 유족연금은 가입자 또는 가입자이었던 자가 사망한 경우에 그 유족이 연금을 받게 된다. 반환일시금은 가입자 또는 가입자 이었던 자가 연금의 수급요건을 충족하지 못하고 탈퇴하였을 때 납부한 보험료에 일정 이자를 가산하여 반환하는 제도이고, 사망일시금은 가입자의 사망 시 유족연금 수급대상에 해당되지 않는 배우자, 자녀 등에게 지급되는 장제 부조금성격의 급여로서 생계를 같이하는 유족에게 지급된다. 연금액은 연금수급전년도 전체 가입자의 평균소득월액과 연금수급 전년도의 현재가치로 재평가한 가입자 개인의 가입기간 중 평균소득월액의 평균액을 기초한 기본연금액에 생계를 유지하고 있는 배우자등에게 지급되는 가급연금액을 포함하여 지급된다.

일상생활에서 알아두면 편리한
생활법률

국가배상편

국가배상제도란 공무원의 직무상 불법행위나 공공시설의 설치 또는 관리의 잘못으로 손해를 입은 국민을 위하여 국가 또는 지방자치단체에서 신속, 적정한 배상을 하여주는 제도이다.

1-1. 배상신청을 할 수 있는 경우

국가(지방자치단체 포함)의 차량·군용차량에 의하여 신체상, 재산상 손해를 입은 때, 공공시설물(도로, 교량, 상하수도 등)의 설치 또는 관리의 잘못으로 신체상, 재산상 손해를 입은 때, 군작전훈련에 의하여 신체상, 재산상 손해를 입은 때, 공무원, 군인(군무원 포함)의 직무상 불법행위로 신체상, 재산상 손해를 입은 때, 주한 미군인(군무원 포함)의 불법행위나 미 군용차량 등으로 신체상, 재산상 손해를 입은 때이다.

1-2. 배상신청 장소

군대, 군인의 불법행위가 아닌 경우의 신청장소는 각 고등 또는 지방검찰청에 설치된 배상심의회이며, 군대나 군인의 불법행위를 원인으로 신청하는 경우는 국방부 예하 사단급 이상의 부대에 설치된 배상심의회에 신청하면 된다.

1-3. 배상신청 시 구비서류

<u>가. 모든 사건에 공통되는 구비서류</u>

신청서 1통(배상심의회에 소정양식이 있음), 주민등록표 등본 1통

<u>나. 피해자가 사망한 경우</u>

가족관계등록부등본, 사망진단서(가족관계등록부등본에 사망사실이 기재된 경우 불필요), 월수입액증명서, 치료비 영수증 또는 명세서(치료 중 사망한 경우)각 1통

<u>다. 피해자가 상해를 입은 경우</u>

진단서·소견서, 치료비 영수증 또는 명세서(향후 치료비 추정서 포함), 월수입액증명서(수입손실이 있는 경우) 각 1통

<u>라. 건물, 차량, 선박 등 피해의 경우</u>

등기부 또는 등록원부등본, 수리비 영수증 또는 그 내역명세서, 월수입증명서(수입손실이 있는 경우) 각 1통

등기부등본 또는 토지(임야)대장등본, 복구비 영수증 또는 그 내역명세서 각 1통

1-4. 배상심의회 배상신청에 대한 결정

국가 또는 지방자치단체의 배상책임이 있음을 인정하는 인용결정과 국가 또는 지방자치단체의 배상책임이 없어 배상금을 지급하지 아니한다는 기각결정으로 나뉜다.

1-5. 배상금 지급청구서 제출기관

각 지구배상심의회 해당 고등 또는 지방검찰청, 각 지구배상심의회 해당 군부대 등에 제출하면 된다.

1-6. 배상심의회 결정에 불만이 있는 경우

지구배상심의회 기각결정에 대하여는 해당지구배상심의회를 거쳐 법무부나 국방부에 설치된 본부배상심의회 또는 특별배상심의회에 재심신청이 가능하다. 재심신청을 하지 않고 곧바로 법원에 소송제기도 할 수 있다. 지구배상심의회의 인용결정이 불충

분하다고 판단되면 법원에 소송을 제기할 수 있고, 신청 후 3월이 경과할 때까지 결정이 없으면 결정 전이라도 법원에 소송을 제기할 수 있다.

일상생활에서 알아두면 편리한

생활법률

행정,
금융편

행정소송

행정소송은 행정법상의 법률관계에 관하여 분쟁이 생겼을 경우에 법원의 재판에 의하여 그 분쟁을 해결하는 절차를 말한다. 예를 들면, 세무서의 조세부과처분이나 경찰청의 운전면허정지처분이 잘못되었다고 주장하면서 그 취소를 청구하는 소송이 행정소송이다. 민사소송절차를 정하는 민사소송법이 있듯이 행정소송절차를 규율하고 있는 법으로 행정소송법이 있다. 행정소송도 일반 민사소송과 유사하게 진행되지만, 다음과 같은 점에서 특수성이 있다. 즉, 원칙적으로 행정법원에서 하고, 행정소송을 하기 이전에 행정심판절차를 거치도록 하는 경우가 있으며, 행정소송은 소를 제기할 수 있는 기간이 정해져 있다. 또한 행정소송은 행정처분등 행정상의 권리관계를 대상으로 하며, 행정소송의 피고는 처분을 한 행정청이다.

1-1. 행정소송의 종류

행정소송법은 행정소송을 항고소송, 당사자소송, 민중소송, 기관소송으로 구분하고, 항고소송은 다시 취소소송, 무효등확인소송,

부작위위법확인소송으로 나누고 있다. 실제로 가장 많은 행정소송은 행정청의 처분을 대상으로 하는 항고소송이고, 그 중에서도 취소소송이다. 취소소송은 행정청의 처분이 위법하다고 주장하면서 그 취소를 구하는 소송이다. 무효등확인소송은 행정청의 처분이 효력 없음의 확인을 구하는 소송이다. 부작위위법확인소송은 행정청이 상대방의 신청을 방치하고 있는 경우에 그 방치행위가 위법한 것임을 확인하는 소송이다.

1-2. 행정심판이란

행정심판은 행정법상의 분쟁에 관하여 행정기관이 스스로 해결하는 절차를 말한다. 행정심판절차를 규정하고 있는 법으로 행정심판법이 있다. 종전에는 행정소송을 제기하기에 앞서 반드시 행정심판절차를 거치도록 하였으나, 1998. 3. 1 부터는 행정소송법이 개정되어 행정심판을 거치지 않더라도 행정소송을 제기할 수 있게 되었다. 행정심판을 청구하려면, 심판청구서를 처분을 한 행정청 또는 직 상급행정기관에 제출하여야 한다. 행정심판을 청구할 수 있는 기간은 원칙적으로 처분이 있음을 안 날로부터 90일 이내, 처분이 있은 날로부터 180일 이내이다. 별도로 행정심판의 제기기간을 정하고 있는 경우가 있으므로 주의하여야 한다. 사전에 행정심판을 거치지 아니하면 행정소송을 제기할 수 없도록 규정하고 있는 경우가 있는데, 그러한 경우로서 조세에 관한 소송과 토지수용에 관한 소송 등이 있다. 소득세나 법인세 등 국세의 부과처분에 대하여 행정소송을 제기하려면, 먼저 국세기본법에 따라 국세청장에 대한 심사청구 및 국세심판소에 대한 심판청구를 거쳐야 한다. 취득세나 주민세 등 지방세의 부과처분에 대하여 행정소송을 제기하려면, 반드시 지방세법에 따라 도지사나 시장에 대한 이의신청 및 심사청구를 거쳐야만 한다. 토지소유자와 협의가 이루어지지 않아서 토지를 수용할 수 없는 경우에는 관할 토지수용위원회가 재결을 하도록 하고 있는데, 토지소유자가 토지수용위원회의 재결에 대하여 불복하는 경우에는 먼저 중앙토지수용위원회에 이의를 신청하여 그 재결을 거쳐야만 행정소송을 제기할 수 있다.

1-3. 행정소송의 제기방법

행정소송도 민사소송과 마찬가지로 법원에 소장을 제출하면 된다. 행정소송을 제기하는 사람이 원고이고, 행정소송을 당하는 행정청이 피고이다. 원고가 될 수 있는 사람은 행정처분을 받을 상대방 또는 행정처분으로 인하여 권리가 침해되는 사람이다. 행정소송의 피고는 그 처분을 행한 행정청이 된다. 원칙적으로 피고 행정청이 소재하는 행정법원이 관할법원이 되고, 행정자치부나 법무부 등 중앙행정기관이 피고인 경우에는 행정청이 서울에 있지 않더라도 서울행정법원이 관할법원이 된다. 다만, 행정법원이 설치된 곳은 서울뿐이므로 그 외 지역에서는 피고의 소재지를 관할하는 지방법원 본원이 제1심의 관할법원이 된다. 행정소송은 처분이 있음을 안 날로부터 90일 이내, 처분이 있은 날로부터 1년 이내에 제기하여야 한다. 위 기간을 경과하면 행정소송을 제기하지 못하므로 주의하여야 한다.

1-4. 행정소송의 대상

행정소송으로 취소소송을 제기하려면 행정청의 처분을 대상으로 하여야 하는데, 여기서 처분이란 행정청이 행하는 영업허가취소처분, 조세부과처분과 같이 행정청의 공권력행사로서 국민의 권리의무에 직접적으로 효과를 발생케하는 행위를 말한다. 행정청 내부행위라든가 단순한 사실상의 통지행위 같은 것은 행정소송의 대상이 되는 처분이 아니므로 잘 판단하여야 한다.

1-5. 재판의 진행

행정소송사건은 일반 민사소송사건과는 달리 공공복리에 미치는 영향이 적지 아니하므로 법원은 당사자가 주장하지 아니하여도 직권으로 사실을 조사하고 판단한다. 행정소송은 법원에서 사건을 집중하여 심리하는 경우가 있으므로 원고와 피고는 재판시작과 동시에 자신의 주장과 증거자료를 모두 제출하는 것이 바람직하다.

1-6. 판 결

법원은 행정소송에서도 일반 소송절차와 마찬가지로 판결을 선고한다. 원고의 청구가 이유 있다고 인정하는 경우에는 행정처분을 취소하는 판결을 하고, 원고의 청구를 받아들이지 아니하는 경우에는 원고의 청구를 기각하는 판결을 하게 된다. 법원의 판결에 대하여 불복하는 경우에는 판결문을 송달받은 날로부터 2주일 내에 상소를 제기하여야 한다.

금융실명제도

금융실명거래제도란 금융기관과의 거래 시 거래자의 실명으로 거래토록 하고 거래의 비밀을 철저히 보장하여 금융거래를 정상화하고자 하는 제도이다. 이에 따라 금융거래 질서가 정상화되게 되어 음성적인 자금거래가 억제되고, 숨겨졌던 세원이 드러나게 되어 과세가 가능하게 됨으로써 조세부담의 형평성이 제고된다.

2-1. 금융실명거래제도의 내용

금융기관과의 금융거래자는 반드시 실명(성명과 주민등록번호)을 확인받아 거래하여야 한다. 실명확인 증표는 개인은 주민등록증, 운전면허증, 공무원증, 여권 등이며, 학생은 학생증, 외국인은 외국인등록증 또는 여권, 재외국민은 여권 또는 재외국민등록증, 소년·소녀가장은 주민등록등본이고, 법인은 세무서에서 발급한 사업자등록증, 납세번호증 또는 사업자등록 증명원, 법인이 아닌 단체는 대표자의 주민등록증, 세무서에서 발급한 납세번호증 또는 고유번호증 또는 발급사실 통보문서이다. 금융기관은 본인의 요구 또는 동의가 있는 경우를 제외하고는 원칙적으로 금융거래의 내용에 대한 정보 또는 자료를 타인에게 제공할 수 없다. 다만, 다음과 같은 특별한 사유가 있는 경우 그 사용목적에 필요한 최소한의 범위 내에서 제공하는 경우에는 예외로 한다. 조세에 관한 법률에 의하여 제출의무가 있는 과세자료 등의 제공과 소관 관서의 장이 상속 및 증여재산의 확인, 조세탈세의 혐의를 인정할만한 명백한 자료의 확인, 체납자의 재산조회, 국세징수법 제14조 제1항 각호의 1에 해당하는 사유로 조세에 관한 법률에 의한 질문 및 조사를 위하여 필요로 하는 거래정보 등의 제공은 국정감사및조사에관한법률에 의한 국정조사에 필요한 자료로서 해당 조사위원회의 의결에 의한 금융감독원장, 예금보험공사사장(이하 금융감독기관장이라 함)의 거래정보 등의 제공 및 재정경제부장관과 금융감독기관장이 금융기관에 대한 감독 및 검사를 위하여 필요로 하는 거래정보 등의 제공으로서 아래에 해당하는 경우와 국정조사에 필요한 자료로서 해당 조사위원회에 제공하기 위한 경우에 한정한다.

가. 내부자거래 및 불공정거래행위 등의 조사에 필요한 경우
나. 고객예금횡령, 무자원입금기표 후 현금인출 등 금융사고의 적출에 필요한 경우
다. 구속성예금 수입, 자기앞수표선발행등 불건전금융거래행위의 조사에 필요한 경우
라. 금융실명거래 위반과 부외거래, 출자자대출, 동일인 한도 초과 등 법령 위반행위의 조사에 필요한 경우

마. 예금자보호법에 의한 예금자보험업무 및 금융산업의 구조개
선에 관한 법률에 의해 예금보험공사사장이 예금자표의 작성업무
를 수행하기 위하여 필요한 경우 동일한 금융기관의 내부 또는 금
융기관 상호간에 업무상 필요한 거래정보등의 제공 기타 법률에
의하여 불특정다수인에게 의무적으로 공개하여야 하는 것으로서
당해 법률에 의한 거래정보 등의 제공 등이 있다.

2-2. 금융실명거래 방법(금융거래 시 지참물)

<u>가. 신규계좌 개설</u>

본인이 직접 금융기관 창구에 나가 거래할 경우 주민등록증 등
실명확인증표, 금융기관에 등록사용 하고자 하는 인장 또는 서명,
2인 이상의 공동명의로 개설할 경우에는 명의인 모두의 실명확인
증표 필요, 교육법에 의한 학교를 통해 단체로 예금 등의 계좌를
개설하는 경우는 학교의 장이 성명과 주민등록번호를 확인한 서류
로 실명확인 가능(대학의 경우 실명확인증표사본 첨부), 군인 및 경찰 등
의 경우에는 소속부대장(경찰관서장)이 성명과 주민등록번호를 확인
한 서류로 실명확인 가능하며 사업주(행정관서장, 군부대장, 경찰관서장,
기타 사업주에 준하는 자 포함)가 종업원을 위하여 사업주 부담으로 납
입하거나 종업원의 급여에서 공제하여 일괄납입 하는 금융상품의
경우에는 사업주가 성명과 주민등록번호를 확인한 서류로 실명확

인 가능하다. 해외근로자 및 외항선 또는 원양어선의 선원 등의 경우에는 사업주가 성명과 주민등록번호를 확인한 서류, 출국사실증명서, 재직증명서 및 사업자등록증으로 실명확인 가능하다. 다른 사람에게 의뢰할 경우(대리, 심부름 등) 본인의 위임장 및 인감증명서와 본인의 실명확인증표(사본도 가능), 대리인의 실명확인증표, 본인의 인장 또는 서명이 필요하고, 대리인이 다음 서류에 의해 본인의 가족으로 확인되는 경우에는 그 사실을 입증하는 서류와 대리인의 실명확인증표로 실명확인가능(위임장 및 인감증명서)하다.

일상생활에서 알아두면 편리한

생활법률

세금편

1 조세의 의의

흔히 세금이라 부르는 조세는 국가나 지방자치단체가 법령에 의하여 강제로 거두어들이는 경제적 부담이다. 국가나 지방자치단체가 활동하는 데 필요한 돈은 직접 사업을 해서 벌기도 하지만 대부분 조세로 충당하게 된다. 조세의 특징은 조세를 징수하는 과세권자가 우월적인 입장에서 납세자에게 아무런 반대급부 없이 일방적으로 징수할 수 있고 강제로 징수하여 이에 불응할 때는 처벌할 수도 있으며, 조세부과처분에 불복하려면 일반 소원절차가 아닌 국세기본법에 정해진 이의신청, 심사청구, 심판청구 등의 절차를 거쳐야 한다는 점이다.

1-1. 조세의 종류

가. 국세와 지방세

국가가 거두어들이는 세금이 국세이고 지방자치단체인 도, 시, 군에서 징수하는 세금이 지방세이다.

나. 내국세와 관세

외국과의 교역에 의하여 물품이 수입, 수출되거나 국경을 통과할 때 부과하는 세금이 관세이고 외국과 관계없이 국내에서 징수하는 세금이 내국세이다.

다. 직접세와 간접세

소득세와 같이 소득을 얻은 사람이 직접 내는 세금을 직접세라한다. 간접세는 주세의 경우와 같이 실제로 주세를 내는 사람은 술값에 포함된 술을 사서 마시는 소비자이지만 이를 세무서에 납부하는 사람은 술을 제조, 판매하는 주조회사로서 세금의 부담자와납부자가 다른 세금이다. 직접세에는 소득세, 법인세, 상속세 및 증여세, 부당이득세 등이 있고 간접세에는 부가가치세, 특별소비세, 주세, 인지세, 전화세 등이 있다.

라. 보통세와 목적세

교육세, 교통세, 농어촌특별세처럼 세금이 쓰일 용도가 미리 정해져 있는 세금을 목적세라 하고 그렇지 않은 모든 세금을 보통세라고 한다.

1-2. 조세법률주의

과세권자(국가, 지방자치단체)가 누구한테서나 마음대로 세금을 징수한다면 납세자는 안심하고 살 수가 없다. 생업에 종사하는 국민의 입장에서는 언제 어떻게 얼마만큼의 세금을 물게 되는지 예측할 수 있어야 안심하고 경제활동을 할 수 있다. 조세의 부과요건을 미리 법률로 정하지 않으면 안 된다는 원칙은 왕의 부당한 조세징수에 시민들이 투쟁하여 쟁취한 것이다. 그러나 과세요건의 세부사항까지 모두 법률로 규정할 수 없으므로 기본적 과세요건 외의 세부사항은 하위법규인 대통령령(시행령)과 재정경제부령(시행규칙)에 위임되고 있다.

1-3. 소득세의 의의와 일반원칙

소득세란 개인이 얻는 소득에 부과하는 세금이다. 법인의 소득에 부과하는 세금은 법인세이다. 소득이란 일정한 기간(과세기간) 동안 개인이 경제적 활동을 통하여 획득한 이익에서 그 소득을 얻기 위하여 소요된 모든 필요경비를 뺀 금액을 말하는데, 소득이 크면 클수록 많은 세금을 내어야 한다는 것은 공평의 원칙상 너무나 당연한 일이다. 그러나 고소득자라 하여 너무 높은 세율을 매긴다면 국민의 근로의욕을 저하시키는 문제가 있어 최고 세율을 40%

로 하고 있는데 이는 선진국의 경우와 비교해도 높지 않은 수준이다. 소득세법에는 과세대상이 되는 소득을 열거해 놓고 있으므로 법에 열거되어 있지 않은 소득은 세금을 물지 않는다. 예컨대, 소액주주들이 한국증권거래소에 상장되거나 코스닥시장에 등록된 주식을 싸게 사서 비싸게 팔아 얻은 양도차익소득, 교통사고를 당하고 받은 손해배상금 등은 소득세를 물지 않는 소득이다. 종합과세 방식은 개인이 얻은 모든 종류의 소득을 합한 총액을 기준으로 세율을 곱하여 과세하는 방식인데, 분류과세 방식보다 공평한 과세를 하게 되며 우리 소득세법의 기본원칙이다. 그러나 퇴직소득, 산림소득과 같이 장기간의 노력 끝에 형성된 소득과 양도소득에 대해서는 그 소득만 별도로 분류하여 과세하고 있다.

1-4. 종합소득세

종합소득세의 과세대상이 되는 소득은 다음과 같다. 이자소득(사채이자는 종합과세 되며, 나머지 이자소득은 분리과세 된다), 배당소득(법인의 이익배당이건 법인해산에 따른 잔여재산배당이건 모두 과세대상이 된다), 상장법인이나 협회(코스닥 시장)등록법인으로부터 소액주주들이 받는 배당소득은 분리과세 된다. 부동산임대소득(부동산이나 광업권 등을 빌려주고 얻은 소득을 말한다), 사업소득(축산업, 임업, 건설업, 상업, 운송업 기타 사업으로 올린 소득은 전부 포함된다), 근로소득(근로를 제공하고 받는 봉급(월급, 일급 불문)과 수당 등 모든 소득이 포함된다), 일시재산소득(예술품 및 제작 후 100년이 넘는 골동품 등의 양도로 인하여 얻는 소득 등이나 영업권, 어업권, 기타 이와 유사한 자산이나 권리의 양도로 인하여 얻는 소득을 말한다), 기타소득(위에 열거한 소득에 해당되지 않는 것으로 소득세법에 기타소득으로 열거되어 있는 것을 말하는데, 상금, 보상금, 복권 등의 당첨금, 강연료, 일시 문예 창작소득 등이 해당된다).

반면 비과세소득은 이자소득 중 공익신탁의 이익, 부동산소득 중 논밭을 남에게 빌려주고 얻는 소득, 사업소득 중 농가의 부업소득, 근로소득 중 군대의 사병이 받는 급여, 국민연금법에 의한 연금, 당해 사업체의 업무와 관련 있는 일정요건의 학자금 등이 있다. 종합소득세는 개인이 얻은 총수입금액에서 필요경비를 공제한 실질적 소득금액에서 다시 배우자공제, 부양가족공제 등 소득공제액을 뺀 금액인 과세표준에 세율을 곱하여 산출한다.

이것을 간단한 식으로 표시하면 다음과 같다. 먼저 필요경비는 수입을 얻기 위하여 들어간 실제 경비를 말한다. 다만, 이자소득과 배당소득에 있어서는 실제로 들어간 경비가 있더라도 이를 인정해 주지 않는다. 근로소득의 경우 필요경비를 산정한다는 것이 어렵기 때문에 일정한 금액을 필요경비로 보고 공제한다. 소득공제액은 다음과 같다. 기본 공제(가족은 본인포함 1인당 연 150만 원[매년 변경]씩 공제), 추가 공제(가족 중 장애자, 경로우대자 등이 있거나, 소득자가 부녀자로서 세대주이거나 배우자가 있는 경우는 사유당 연 50만 원~200만 원씩 공제),

소수 공제자 추가공제(기본공제 대상사자 1명인 경우에는 150만 원, 2명인 경우에는 50만 원~대상자별로 일정금액을 각각 추가로 공제), 종합소득세의 세율은 과세표준이 커질수록 세율이 높아지는 초과누진세율을 채택하고 있다.

가. 종합소득세의 신고와 납부

종합소득세는 매년 5월 1일부터 한 달 동안 지난해의 자기소득을 주소지 관할 세무서에 자진신고 하여 세금을 자진납부 함이 원칙이다. 다만, 근로소득밖에 없는 근로자는 근무처에서 원천징수를 하고 연말에 정산까지 해주기 때문에 따로 신고할 필요가 없다. 자진신고를 하지 않거나 불성실하게 신고한 경우에는 정부에서 조사결정하여 가산세까지 물게 되고 납세고지서를 발부하여 징수한다. 중간예납도 가능하다. 연 1회 한꺼번에 세금전액을 납부한다면 세무당국의 입장에서는 편할 수도 있으나 여러 가지 부작용이 따르기 때문에 11월 30일까지 전년도 납부세액의 1/2에 상당하는 세액을 납부하는 중간예납제도가 채택되고 있다. 종합소득세 대상인 소득 중에서도 원천징수만 하고 종합소득세를 계산할 때 합산하지 않는 것이 있다. 은행예금이나 국채, 지방채의 이자, 증권투자신탁 수익의 분배금 등은 그리고 상장법인 등의 소주주가 받는 배당금 원천징수로 납세의무가 종결된다. 2001년 1월 1일부터는 금융소득 종합과세가 실시되어 이자, 배당 등 금융소득이 부부합산 연간 4천만 원을 초과하는 경우 근로소득, 사업소득 등 다른 소득과 합산하여 종합과세 되고 있다. 그리고 일정하게 고용되어 있지 않고 자주 일터를 옮겨 다니는 일용근로자의 급여소득은 종합과세 하기가 기술상 어려우므로 원천징수만으로 납세의무가 종결된다.

1-5. 양도소득세

양도소득이라 함은 토지, 건물, 주식 등과 같이 자본적 성격을 가진 자산을 양도하고 얻은 보유기간동안 가치상승에 따른 이익 즉 자본이득을 말하며 이러한 자산을 양도함으로써 발생하는 소득은 보유기간에 따른 소득이 일시에 실현된 것으로서 1년마다 과세하는 종합소득과는 별도로 분류하여 과세한다. 양도소득은 양도가액에서 취득가액 등 필요경비와 장기보유에 따른 장기보유특별공제 및 양도소득기본공제를 하여 산출하게 된다.

양도소득의 과세대상 자산은 다음과 같다. 토지 또는 건물, 부동산에 관한 권리(지상권, 전세권, 등기된 부동산 임차권 또는 아파트당첨권과 같이 장차 부동산을 취득할 수 있는 권리 등이 여기에 포함), 골프장 회원권, 콘도미니엄 회원권 등의 특정시설물 이용권 사업용 고정자산과 함께 양도하는 영업권, 특정주식 등 비상장주식, 상장주식중 대주주 보유주식(대주주 : 주식보유비율이 3% 이상이거나 시가총액 100억 이상 소유주주)이 이에 해당한다.

단, 국민의 주거생활 안정과 영농기반 보전을 지원하기 위하여 다음의 경우에는 양도소득세를 과세하지 아니한다.

첫째, 한 가족이 3년 이상 1주택을 보유하다가 양도하는 경우에는 양도소득세를 과세하지 아니한다. 그러나 3년 동안 보유하지 아니한 경우에도 과세하지 아니하는 예외가 있다. 임대주택법에 의한 임대주택으로서 5년 이상 거주한 경우와 같이 주택이 공공사업용으로 양도되거나 수용되는 경우 해외이주 또는 1년 이상 계속하여 국외거주를 필요로 하는 취학 및 근무 상 형편으로 세대 전원이 출국하는 경우, 전근을 간다거나 학교를 옮긴다거나 병 때문에 요양을 하기 위하여 다른 지방으로 집안이 모두 이사를 하는 경우(1년 이상 거주한 경우에 한함)가 그러하다. 단, 1세대 1주택으로 비과세되는 건물은 주거용 건물이어야 한다. 만일 건물이 주거용과 영업용을 겸하고 있는 경우에는 영업용의 면적이 주거용의 면적과 같거나 더 크면 영업용 건물 부분은 과세된다. 추가로, 1가족이 1주택을 소유하다가 다른 집으로 이사를 하고자 집을 샀으나 미처 예전의 집을 팔지 못하여 2주택 소유자가 되는 경우가 생기는데 이러한 경우에도 다른 집을 산 후 2년 이내에 3년 이상 소유한 예전의 집을 매도하게 되면 비과세 혜택을 받는다. 다만, 2년이 되는 날 현재 성업공사에 매각의뢰, 경공매에 의해 양도되는 경우에는 2년 이내에 양도하지 못하더라도 비과세 된다. 1세대 1주택이라도 건물면적이 80평 이상(또는 토지 150평 이상)이고 그 주택에 대한 지방세법상 취득세시가표준액이 2천만 원 이상이며, 실지거래가액이 6억 원을 초과하는 고급주택인 경우에는 양도소득세가 과세된다(공동주택의 경우는 주택의 전용면적이 50평 이상이고 실지거래가액이 6억 원 초과). 단, 1세대 1주택이라도 등기할 수 있는 주택을 미등기 상태로 양도한 경우는 양도소득세가 과세되나, 건축법에 의한 건축허가를 받지 아니하여 등기가 불가능한 경우에는 비과세 된다.

둘째, 8년 이상 자기가 경작하던 농지를 양도하는 경우는 양도소득세가 면제된다. 그리고 면제세액을 기준으로 3억 원을 초과하는 부분에 대하여는 양도소득세가 과세된다. 또한 농민이 종전의 농지를 팔고 다른 농지를 사서 경작하는 경우에도 과세하지 않는다(새로 취득한 농지는 3년 이상 경작해야 함). 다만, 새로운 농지는 종전의 농지를 팔고나서 1년 안에 사거나, 미리 새 농지를 사놓고 1년 안에 종전 농지를 팔아야 한다. 또, 새로운 농지가 종전의 농지면적보다 크거나 또는 가격으로 따져서 종전 농지가격의 반 이상이라야 한다. 경작 상 필요에 의하여 자기의 농지를 교환(교환에 의해 새로 취득한 농지는 3년 이상 경작해야 함)하는 경우에는 과세하지 않는다,

셋째, 상속, 귀농의 목적으로 농어촌주택을 보유하고 있는 경우 1세대 2주택인 경우에도 일정한 요건을 갖출 경우 양도세를 비과세한다.

가. 양도소득금액

양도소득금액은 양도가액에서 취득가액 등을 공제한 차액을 말한다. 필요경비는 취득가액 외에 그 동안 들어간 설비비, 개량비, 취득세, 등록세 등 취득 시 부담한 각종세금, 소개비 등 필요한 경비를 말한다. 다만, 부동산에 대한 양도소득세를 기준시가로 과세할 경우에는 개별공시지가 등의 3%(미등기 0.3%)만 공제하며, 장기보유특별공제는 양도차익의 10%를, 5년 이상 10년 미만인 때에는 양도차익의 15%를, 10년 이상인 때에는 양도차익의 30%를 공제한다. 다만, 미등기 양도자산에 대하여는 장기보유특별공제를 적용하지 아니한다, 양도소득공제는 미등기양도자산을 제외한 모든 자산에 대해 연간 250만 원을 공제한다. 양도소득세율과 세액의 계산은 앞서 설명한 방법대로 계산된 양도소득금액에 세율을 곱하면 세액이 계산된다. 물론, 양도소득세의 세율은 양도자산의 종류, 소유기간에 따라 차이가 난다.

그리고 양도소득세는 부동산 등의 매도일이 속하는 달의 말일로부터 2월이 되는 날까지 관할세무서에 예정신고를 하여야 한다. 즉, 예정 신고 시에는 산출된 세액의 10%를 공제한 금액을 자진납부 하여야 한다. 예정신고를 하지 아니한 자는 다음해 5월 31일까지 확정신고를 하여야 한다. 개인이 부동산을 매매한 때에는 양도자, 양수자 또는 그 대리인이 매매계약체결일부터 등기신청 하는 날까지 직접 또는 우편에 의해 그 매매사실을 신고하여야 한다. 단, 3년 이상 보유한 주택이나 8년 이상 보유한 농지의 경우에는 신고를 하지 않아도 된다. 세무서장은 부동산양도신고서 접수 즉시 신고확인서를 교부하고 예정신고 납부기한 내 세금납부를 할 수 있도록 납부할 세액을 계산하여 준다. 부동산양도신고를 한 경우에는 별도로 예정신고를 하지 않아도 되며 예정신고기한 내 세금을 납부하는 경우에는 15%의 세액을 공제받게 된다. 신고대상이 아닌 3년 이상 보유한 주택 또는 8년 이상 보유한 농지의 경우에도 부동산양도신고를 하고 세금을 납부하게 되면 15% 세액을 공제받을 수 있다. 소유권이전에 관한 등기를 신청하는 경우 세무서장이 발급해 준 부동산양도 신고확인서를 첨부하여야 한다.

1-6. 퇴직소득세

퇴직소득이란 근로자가 퇴직 시에 받게 되는 퇴직금, 명예퇴직수당, 단체퇴직보험금을 말한다. 퇴직소득은 장기간동안 수입의 일부를 모아두었다가 일시에 타내는 것과 같으므로 이를 종합소득으로 과세하여 높은 세율을 적용하는 것은 불합리하므로 퇴직소득만 따로 분리하여 과세하고 있다. 퇴직소득세는 지급자가 원천징수하여 납부하고 있으므로 소득자가 따로 신고할 필요가 없다.

2 재산을 상속받을 경우 알아야 할 세법상식

상속세라 함은 사망한 사람의 재산을 상속받은 자에게 부과하는 세금이다. 재산을 상속받은 상속인이 납세의무자이며 상속인은 각자 상속받은 재산의 범위 내에서 상호 연대하여 상속세를 납부할 의무가 있다. 상속인의 상속지분은 균등하다. 다만, 배우자의 상속분은 5할을 가산하게 된다. 상속세는 상속개시지 즉 사망자의 사망당시의 주소를 관할하는 세무서에 납부한다. 상속세는 사망일로부터 6개월 이내에 신고하면 10%의 세액공제혜택을 받으며 신고하지 않으면 20%의 가산세와 무납부세액에 대하여 10%(무납무기간 1년 초과 시 10% 추가)의 가산세를 추가로 부담하게 된다. 단, 납부해야 할 세금이 일정액을 넘을 때에는 담보를 제공하고 3년(사업상속의 경우 5년) 동안 분할하여 납부할 수 있다. 세금이 일정액 이상이고 상속재산 중 부동산과 유가증권이 1/2을 넘을 때에는 그 부동산이나 유가증권으로 납부할 수 있다. 상속의 포기를 위해 자기 몫의 상속지분을 포기할 때에는 3개월 이내에 법원에 신고하면 된다.

상속세액은 상속재산에 상속공제를 한 후 세율을 곱하여 산출하는데 웬만한 부자가 아니면 크게 걱정할 필요가 없다. 상속재산의 가액은 사망일 현재의 시가로 평가한다. 그러나 시가가 분명하지 않은 경우 토지는 공시지가를 적용하여 평가한 가액(건물은 신축

가격, 구조, 용도 등 참작하여 국세청장이 고시한 가액)으로 평가한다. 상속인에게 사망 전 10년 이내에 증여한 재산과 상속인 외의자에게 사망 전 5년 이내에 증여한 재산은 상속재산에 합산된다. 단, 다음의 재산은 상속세가 과세되지 않는다. 즉, 국가나 공공단체에 기증한 재산, 공익사업에 출연한 재산, 유족이 지급받은 산업재해보상보험금 등이 그것이다.

3 증여세란

　증여세란 타인으로부터 재산을 무상으로 증여받은 때 증여받은 자가 납부하게 되는 세금이다. 증여를 받은 자(영리법인은 제외)가 납세의무자가 된다. 세율체계는 상속세율과 동일하다. 증여받은 자의 주소지를 관할하는 세무서가 소관세무서이며 증여받은 자가 증여받은 날로부터 3개월 이내에 자진신고를 하여야 하는 점을 제외하고는 증여세의 신고방법이나 신고납부 세액공제 등은 상속세의 경우와 같다.

일상생활에서 알아두면 편리한
생활법률

여행편

해외여행자를 위한 세관통관 안내

해외여행을 위하여 출국하거나, 여행후 입국할 때는 반드시 통관절차를 밟아야 하는데, 여행자가 알아두면 도움이 되는 세관통관절차를 출국과 입국으로 나누어 간단히 안내하고자 한다.

1-1. 출국시 세관절차

가. 출국 시 세관에 반드시 신고해야할 물품

여행 중에 사용하고 다시 반입할 물품 중 고가의 것(예 : 고급시계, 카메라(비디오카메라 포함), 귀금속, 보석류, 모피류, 개인용컴퓨터(노트북컴퓨터 포함), 골프채, 기타 고가의 귀중품 등)은 신고하여야 하며, 세관에 신고하지 않고 출국하면 입국시 과세처리 된다.

나. 반출을 제한하는 물품

문화재 및 이에 준하는 물품, 상용에 공할 다량의 물품, 기타 법령에서 반출입을 제한하는 물품(예: 농수축산물, 총포류, 마약류, 일정금액상당을 초과하는 외화로 표시된 수표등 대외지급수단과 내국통화 및 원화표시여행자수표)은 관계기관의 허가 등을 받아야 반출할 수 있다.

다. 반출금지 물품

국헌을 문란하게 하거나 공안 또는 풍속을 해하는 음반, 테이프, 서적 등 화폐, 지폐, 은행권, 채권 기타 유가증권의 위조품, 변조품, 모조품과 정부의 기밀을 누설하거나 첩보에 공하는 물품은 반출이 금지된다.

1-2. 입국 시 세관절차

가. 휴대품 신고

비행기나 선박 내에서 배부하는 여행자 휴대품 신고서에 해당사항을 정확하게 기재하고 서명한 후 휴대품 검사 세관공무원에게 여권과 함께 제출하여야 한다.

나. 신고대상 물품

해외 총 취득가격 일정금액을 초과하는 물품판매를 목적으로 반입하는 상용물품, 일정금액 상당을 초과하는 외화로 표시된 수표 등 대외지급수단(약속어음, 환어음, 신용장제외)과 내국통화(원화) 및 원화표시 여행자 수표, 내국통화(원화) 및 원화표시 여행자 수표를 제외한 내국지급수단(자기앞수표, 당좌수표, 우편환 등)과 귀금속 및 증권은 신고대상이다.

다. 통관제한 물품

총포, 도검, 화약류 등 단속법에서 규제하는 물품(예 : 총기, 도검, 무기류, 폭발 및 유독성 물질 등), 마약, 향정신성 의약품류, 대마류 및 이들의 제품, 동물(고기, 가죽, 박제류 포함), 식물 등 검역대상 물품, 국제협약(CITES)에서 보호하는 멸종위기의 야생 동식물 및 이들의 제품(예 : 야생동물의 박제, 사향, 웅담, 뱀술, 상아, 야생모피, 호골, 악어가죽제품, 코뿔소뿔, 천산갑, 천마 등), 기타 20매를 초과하는 음반이나 CD 등 서적은 통관이 제한된다.

라. 수입금지 물품

국헌을 문란하게 하거나 공안 또는 풍속을 해하는 음반, 테이프, 서적 등 화폐, 지폐, 은행권, 채권 기타 유가증권의 위조품, 변조품, 모조품, 정부의 기밀을 누설하거나 첩보에 공하는 물품은 수입이 금지된다.

마. 세관통로 선택

신고대상 물품이 있는 여행자는 자진신고검사대를 선택하여 세관검사를 받고, 신고할 물품이 없는 여행자는 면세통로를 선택하여 통과하여야 한다. 그러나 과세 또는 규제대상물품을 신고하지 않고 면세통로로 통과할 경우는 관세법등에 의한 처벌을 받게 된다. 면세통로(녹색) 선택대상은 신고대상 물품을 소지하지 않은 여행자이며, 자진신고 검사대(백색) 선택대상은 해외에서 구입, 기증 또는 선물 받은 물품 중 신고대상 물품을 소지한 여행자이며, 자진신고자에 대한 혜택은 신속통관, 세관검사의 원칙적인 생략, 신분이 확실한 경우 세금사후 납부허용 등이 있다.

바. 휴대품 통관

면세범위를 초과하는 물품은 관세 등을 납부한 후 통관이 되며, 해외에서 구입한 물품영수증을 세관에 제출하면 신속히 통관할 수 있다. 그러나 통관이 제한되는 물품은 관계기관의 허가, 추천 등을 받아야만 가능하다.

참고문헌

큰글 기본법전(법률출판사, 2013년)

한국인의 법과생활(법무부, 2013년)

청소년의 법과생활(법무부, 2013년)

생활 속 법률상식(대한법률 구조공단, 2012년)

법률용어사전(현암사, 2012년)

소법전(현암사, 2013년)